発達障がいの子どもが自分らしい大人になる10歳からの準備60

スマートキッズ療育チーム［編著］

唯学書房

はじめに

本書には、発達障がいがある、目安として10歳以降の子どもが「自分らしい」大人になるために、将来への自立や就労に向けて、親としてどのようにして考え、どのようにサポートしていけばよいかなどについての「ヒント」が書かれています。

親は子どもに「自分らしい」人生を生きてほしい、大人になっても「自分らしく」あってほしいと願っています。それでは、子どもが「自分らしく」生きていくためにはどうしたらいいのでしょうか?

その答えの一つとして、「子どもが自分で選ぶことのできる選択肢を増やす」ことが挙げられます。

たとえば、白いシャツしかもっていない場合、それを着るしかありません。でも、白いシャツだけでなく、赤色や水色のシャツをもっていれば、その中から自分の好きな色のシャツを選ぶことができます。選ばれたシャツには「その人らしさ」が表れています。

シャツという些細な例を挙げましたが、「何を着るか」「何を食べるか」「どうやって寝る前の時間を過ごすか」など、私たちは毎日、些細な選択を繰り返しながら生活をしています。そして、「進学」や「就職」など、ライフ・ステージごとに重要な選択をしばしば行っています。特にこれらは、選んだ選択肢と選ばなかった選択肢では、その後が大きく異なる場合があるため、選択肢が多い方が自分らしく生きることにつながるでしょう。

また、「自分で選ぶことのできる」といっても、課題や状況によっては自分だけで選ぶことがむずかしい場合や、自分の好みだけで選ぶことが適切ではない場合もあると思います。そんなとき、周囲の助言やサポートを受けつつ、子ども自身が「これがいい」と自己決定できることが重要だと考えます。

本書は、将来の自立や就労などについて触れていることから、おもに10歳以降の子どもをもつ親御さま向けに書かれています。もちろん、療育は早期から行うことがのぞましいため、低学年の子どもをもつ親御さまにも参考になると考えます。「ヒント」を参考に、お子さまに合った段階で、少しずつ取り入れていただければ幸いです。

人生の選択肢は何歳からでも増やすことができます。QOL（生活の質）の高さは選択肢の多さとも関連しているといわれてます。本書が実り豊かな人生を送るための手助けとなれば幸いです。

二〇一七年一月

スマートキッズ療育チーム

Contents

第3章 時間管理・スケジュール管理スキルを高める

第4章 子どもが自立した生活を送るために

第5章 ストレスに強くなる 73

第6章

メゲないこころをもつ　91

第7章

思春期特有の問題について考える　107

第10章

就職に向けてのマナー

第11章

きょうだいのケア 173

第12章

親なきあとも含めた将来を考える 189

イラスト：トラノスケ

第1章

情報活用スキルを高めるために

視点 1

自己決定をしていくために

◆選択肢の中から選ぶ、順番を決めることも自己決定

自己決定というのは、大人なら普段の生活の中で自然と行っていることかもしれません。しかしそれでも、情報を集めることは得意だけど活用するのは苦手だったり、選択肢の中からでも自分で決定をするのは苦手だったりする人はよくいます。それは情報活用や自己決定の仕方には、個人差があるからです。そうした自己決定を発達障がいがある子どもが獲得していくことは、ハードルが高いように思われるかもしれません。しかし、「できること」が少しずつ増えていく背景には、この自己決定は大きく関係してきます。

教室では、スタッフからの指導や約束ごとを持ちかけるよりも、自分で決める、

最後の選択は本人がするということを心がけています。

教室を利用しているAくん（小学校高学年）は、勉強が苦手で、宿題に取り掛かるまでにとても時間がかかっていました。しかし、いくつかある宿題の中から、「算数のプリントと国語のプリント、どっちだったらできそう？」とAくんに聞いて、取り組みやすいものから進めると、取り掛かるまでの時間が少し短縮されました。「宿題をする」ということは変わりませんが、取り組む順序を自分で決めることで本人の達成感が大きくなります。

また、自分で決めて自分で実行するという自己決定の練習を重ねていくことも可能です。自己決定の練習と言いましたが、選択肢を絞っていって最後の選択を本人がするということだけでも、とても大事な自己決定になります。

たとえば宿題などのやらなければならないことに取り組む際に、どういうスケジュールの中の、どの時間帯で取り組むのか、複数ある宿題をどの順番で進めるのかなども自己決定になるのです。子どもにとっても自分で決めたことなら、たとえやりたくないことでも「やらされる感」は軽減しますし、自分で決めたことをやり遂げたときの喜びは、やらされているときよりも数倍大きいものになります。

◆些細な自己決定が、やる気にも影響

やりたくないことには、苦手なことも多いはずです。それを周りの大人からやらされると、ますます嫌になってしまうということもあるでしょう。「どうしてできないの！」と責められているような気持ちを味わっているかもしれません。しかし、自分で決めたとなると、「やりたくない、嫌だ」となったときに「じゃあ、どうするんだっけ？」「どうするって決めたんだっけ？」と周りの大人が本人に問いかけることで、約束を本人が思い出すこともできますし、「自分で決めたことだから守りなさい」と伝えることもできます。

そしてなにより一番大切なのは、苦手なことを自分の力でやり遂げたと子どもが感じられることです。「できた！」という感覚を味わうこと、それは子どもであろうが大人であろうが、発達障がいがあろうがなかろうが同じことです。本当

に些細な自己決定でも、子どもが自分で決めてやり遂げたときは、ぜひ一緒に「できたー！　やったね！」と喜びたいですね。

ポイント

◆子どもが最終的に決定できるような声掛けを心がけましょう。子どもが自分で決めた決定を覆そうとしたときには、毅然とした態度で、決めたことをやり遂げる手助けをしてあげましょう。

視点
2

発達段階に応じた情報活用スキル

◆子ども自身で決めることができるポイントを探すことが大切

自己決定の方法は場面に応じていろいろあるとは思いますし、すでに家庭でも取り入れている「我が家の方法」があるという場合もあるかもしれません。しかし、しいて言うならばどんな場合もポイントは一つ、「最後の決断は本人がする」ということです。

「どうする?」「どうしたい?」と問いかけても、「どう」の感覚がつかめず、質問の意図が理解しにくい子どももいます。そういう場合は具体的な手順に落とし込んでいくとわかりやすくなってきます。たとえば、帰宅してからやることの中には、手洗い・うがい、荷物を自分の部屋に片づける、連絡帳を出す、宿題を出す・宿題をやる、明日の時間割を揃える、ゲーム、夕食、お風呂などがあるでしょう。これらを全部自分で決めて行動していくのは難しいとしても、順番を決めて守っていくことはできるかもしれません。

◈発達段階や年齢に応じて、選択肢の数やカードなどの工夫を

たとえば学校から帰宅後のスケジュールについて自分でどこまで決められるのかは、発達段階や年齢に応じて変わってきます。夕食前と夕食後に分けて、それぞれの順番を自分で考えるということができるかもしれないし、それでも混乱するという場合は、まずはすぐにやるべき三つを選んでその順番を決めるというのもいいかもしれません。

三つの中から決めることが難しいのであれば、二択にして本人に選んでもらうのはどうでしょうか。まず帰ってきてからやることは、手洗い・うがいなのか荷物を片づけるのか。会話だけのやりとりで難しいようなら、絵カードや文字カードを作って本人に見せてみましょう。二つのカードを見せて本人に指をさして選

んでもらう。これだけでも、そのときできる最大の自己決定になります。

教室を利用しているBさん（小学校高学年）は、教室の利用を開始した小学校低学年の頃は「AとBのどっちがいい?」という二つのものから選択することも難しく、「これにする?」とスタッフが尋ねてBさんが頷く、というやりとりを繰り返していました。それでも教室では、最初に二つのものの選択肢を提示することを心がけながら本人の返事を待つようにしていると、少しずつ二つのものから選べる場面が増えてきました。

親御さんから「たまに行くレストランのメニューから食べたいものを選ぶなど、たくさんの選択肢がある場合や、慣れない選択肢の場合には選べないことがある」との話はありますが、教室や家庭という慣れた環境の中では、選択肢が増えても選ぶことができるようになってきました。

親として、どんなときも意識していただきたいことは、同級生など他の子と比べないということです。「同じ診断名で同じ年齢なのに、あの子のほうがあれもこれもできる……」と比べると焦ってしまいますよね。ですので、比べるときは過去の本人と比べましょう。
カードの二択で自己決定をしていた子どもが、半年後には三つのカードで順番を決められるようになっているかもしれません。選択肢の数は、半年前と比べて増えていないという場合でも、選ぶまでの時間や取り組み始めるまでの時間が短くなってきていることでしょう。

ポイント

発達段階や年齢に応じて、選択肢の数を絞ったり絵や文字のカードを使ったりしながら、子どもが取り組みやすい自己決定の方法を探ってみましょう。

視点 3

ツールの活用

◆カードは「できた！」という達成感や言葉の記憶の補助にも役立つ

自己決定のスキルを育てるには何らかのツールを利用していくことも効果があります。たとえば、療育や生活の場面でよく利用される絵カードなども、情報活用のスキルを育てる大切なツールです。絵や写真、文字などの視覚情報となるカードは、耳からの聴覚情報だけでは理解が難しい子どもにとっては、強い味方になってくれます。療育機関などにも壁に絵カードや写真カードが貼り出されていると思います。

見てわかるカードは、言葉で聞くよりも見たほうが理解しやすい子どもにとっては、情報を整理するためのツールとなります。たとえばブロックの場所がわからない場合に、「ブロック、どこ?」「棚の二番目の右端よ」と、手が離せないときなど会話ですませたい場合もあります。しかし、子どもにとっては、二番目と右端を合わせて探すことが難しいケースもあります。そんなときにオモチャの棚にブロックの写真が貼ってあると、「ブロックの写真が貼ってあるから探してみて」と伝えられます。そうすれば、子どもが自分でブロックを探し出すことができる可能性は高まります。子どもは人の手を借りずに自分でブロックを使うことができて達成感も得られますよね。

そして、それ以前に、楽しいオモチャの名前は「ブロック」であると記憶するのにもカードは役立ちます。絵カード・写真カード・文字カードは情報活用の重要なツールであることを改めて実感できると思います。

◆タブレット等で、子どもの新たな得意や興味を発見する可能性も

もう一つのツールとしては、タブレット等の電子機器の活用があげられます。
スマホやタブレットを使うのが上手なタイプの子どももいて、教えてもいないの

になぜか親よりも詳しく、スイスイ使いこなして好きなゲームをしたり動画を見たりしているということもよくあります。そういうことがあると、その子の得意な面を新たに発見できます。

機器操作そのものが得意であれば、もしかするとパソコンスキルに長けている可能性も考えられます。あるいは、気がつくと電車の動画ばっかり見ているということから、「これまで気づいていなかったけど、電車が好きなんだな」と発見できるケースもあります。

また、タブレット等を利用するうえでのもう一つのメリットとして、自分で文字入力をするので、文字を覚えられるという点があるかもしれません。ただ、最近は音声認識の機能が搭載されている機種も多いですので、必ずしも文字入力ができなければタブレットが使えないというわけではありません。

一方、インターネットにつなげて子どもが一人で操作をしている場合、見てほしくないサイトや動画につながってしまったり、ゲームの課金に関する注意事項の理解ができずに親が知らないあいだに課金されてしまっていたりするなどの危険性があります。またゲームは、大人でも中毒性があってやめられなくなるケースがあります。特に子どもの場合は大人以上に活動の切り替えが難しく、長時間やり続けてしまう状態になる危険性が高くなります。

メリットとデメリットの両方を確認しながら、家庭の中でのルールを事前に決めたり、システム上で制限をかけるようにしたりすることも必要になってきます。

ポイント

◆カードやタブレットなどの道具を使うことは悪いことではありません。子どもの状態に応じて、合うものを見つけてみましょう。新たな発見があるかもしれません。

視点
4
捨てることもスキル

◆煩雑な情報の整理を子どもが行うには、大人の補助が必要

情報化社会という言い方も一昔前のこととなり、近年では情報があふれていて当たり前の社会となっています。「情報を活用する」ということは、情報を集めることはもちろんですが、情報を取捨選択していくということも、今の時代においては大切なことだと言えそうですね。特に子どもにとっては煩雑な情報を整理することは難しく、選択肢が豊富にあるとむしろ不自由さを感じるということもあります。

これまでの自己決定の方法などのヒントでも触れてきたように、情報を絞っていくことが子どもの自己決定の環境作りになる場合があります。最後は二択まで

情報を絞って、子ども自身に決定をしてもらうのも、情報を捨てるスキルと考えられるのではないでしょうか。

視点2で紹介したBさん（小学校高学年）も、小学校低学年の頃は二択でさえ選択することが難しかったため、一つずつ提示して「やる」か「やらない」かの選択をすることから始めました。このような一つのことに対して「やる／やらない」「Yes／No」などを決めることは、情報を捨てるスキルになります。

◆情報の取捨選択ができるようになるにはトライ＆エラーの繰り返し

あまりにも情報があふれていると、大人でも混乱するし、何を選んでよいかわからないということもあると思います。それは子どもでも同じことです。その子にとってどのくらいでキャパシティがあふれてしまうのかを、大人が判断できるようになることがポイントなのかもしれません。ただ、「その程度がすぐにわかれば苦労は少ない」と、親御さんのため息が聞こえてきそうですね。やはり、子どもをよく見て大人もトライ＆エラーを繰り返すことは必要です。

選択肢の数を絞っていく方法が、まさにその具体的な例ととらえることができます。

しなければならない行動を洗い出してカードを作成する→そのカードの数を子どもが自分で全部を扱えない様子が見えたら数を少し減らしてみる→どうやらそれも難しそうとなったら二択まで絞る。このステップはまさに多すぎる情報を捨てていくスキルと言えるでしょう。こういったステップを繰り返していくうちに、子ども自身が情報を取捨選択することが少しずつできるようになっていきます。

ポイント

◆子どもがどの程度の情報量を処理できるのかをよく観察し、少しずつ増やしたり減らしたりしながら、子ども自身で情報の取捨選択ができるようにサポートしていきましょう。

視点 5

大人の情報活用スキルも必要

◆子どもに合った環境が整うことで、子どもは生きやすくなる

子どもが自分で情報を取捨選択できるようになれば、こんなに素晴らしいことはないでしょう。あふれる情報の中で混乱することもないでしょうし、自己決定できることがますます増えるでしょう。それは子どもの生きやすい環境が整っているということでもあります。実は教室の中で行っている、さまざまな工夫の目的を考えると、環境調整なのです。

絵を描いたカードを作成して見やすくすること、順番を自分で決めたうえで約束を守ること、そのような一つひとつが、今必要なものの優先順位を気づかせ、その子の過ごしやすい環境を作るのです。子どもは過ごしやすい環境、安心でき

る場所であるということが理解できると、いわゆる問題行動も減ってきます。不安があるからこそ、その不安を取り除こうと子どもはいろいろやってみて、試し行動のようなものが出てくる場合があります。

◆特定の場面で見られる姿が、子どもの姿のすべてとは限らない

教室を利用しているCくん（小学校高学年）は、教室で友達を叩いてしまうことがよく見られていました。しかし、学校ではそのような様子が見られないことがわかりました。特別支援学校に通っていますが、学校ではどのような取り組みがなされているか、学校に見学に行きました。そこでわかったことは、Cくんが学校を「自分が過ごす場所」だと認識していること、学校で決められたルールは守るものだと納得しているということでした。その後、教室でも、Cくんが安心していられる場所であると納得できるように、本人の意思も汲み入れながらルールを決めるなどの取り組みを重ねていきました。もちろんそれは簡単な道のりではありませんでした。しかし、本人とのあいだで決めたルール以外にも、教室に通

う子どもたち全員のルールも少しずつ守れるようになり、友達を叩くことも減っていきました。
子ども自身が情報を活用できるようになることも大切ですが、親や支援者、学校の先生など、子どもたちの周りにいる大人が連携しながら、情報を活用していくことも必要です。子どもも大人も情報を活用して、その子が生きやすい環境を整えていく。社会ではいつでもどこでも環境を整えられるとは限りませんが、子どもは過ごしやすい場所があれば、そこで「できること」を増やしていくことができるのです。その繰り返しが将来につながっていきます。

ポイント

◆学校や支援機関など複数の情報が最も入りやすいのは親であるあなたです。子どもが示す行動などが場所によって異なる場合には、親がパイプ役となって他の場所に伝えてみましょう。

第2章

自己管理スキルを高める

視点 6

自己管理スキルの大切さ

◆自己管理スキルは、生活全般の活動と関連

自己管理スキルと聞いて、どんなことを思い浮かべるでしょうか。日常の中では耳にする機会が少ない言葉かもしれません。自己管理とは、物の管理やスケジュール管理、感情や行動の制御など、多岐にわたります。人が自分自身の生活を管理し、責任をもって行動ができるようにするために必要なスキルです。

感情のコントロールが苦手な子どもの場合、友達とのトラブルになりやすかったり家庭内でも手を焼いていたりと何かと気になることが多いことでしょう。ただ、物の管理や時間の管理などに関しては、なんとなく気になりながらも、その他の日常の忙しさから、その場の指示や叱責になってしまい、「できるようにす

るためのかかわり」をするまでの余裕をもてない場合が多いかもしれません。

◈親自身のかかわり方の変更もスモールステップで継続的に行うことが大切

自己管理スキルは、少し頑張ればすぐに身につくというものではありません。スモールステップで継続的に「できるようにするためのかかわり」を行っていくことが大切になります。

家庭でのかかわりが重要なものにもなりますが、親として意気込みすぎて短期的に燃え尽きてしまっては意味がありません。特定の場面や時間を決めて、そのときだけは五分でも一分でも短い時間でいいので、家事の手をストップして子どもの様子を見たり意識的に声掛けの仕方を変えたりするなど少しだけ工夫してみましょう。決めた場面・時間以外は今までのかかわり方でかまいません。

最初の頃は「こんなことで大丈夫だろうか？」と感じることもあるかもしれません。親自身、最初は強く意識して行ってきたことが少しずつ自然と行えるようになり、親が少しずつ変わることで子どもにも変化が見られ、親子ともにスモールステップで成長していくことができるのです。
子どもの頃は自己管理という言葉通り、「自分」という自己責任の範囲にとどまるでしょう。しかし、大人になって仕事をするようになると、自分だけの範囲にとどまらず、同僚・上司・会社など影響範囲が広がります。大人になったときには自己管理スキルが「責任」と直結してきます。影響範囲が狭いときから少しずつスキルアップをはかることによって、将来、周囲の人に与えるマイナスの影響を減らすことにつながるのです。

ポイント

◆ 将来の自立の程度を高めるために、自己管理スキルが影響を及ぼす範囲の狭い頃から、スキルアップできるためのかかわりを意識してみましょう。

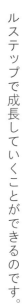

視点 7

自分の物を自分で管理する

◆初歩的だが、将来的にも幅広く求められる大切なスキル

「自分の物を自分で管理することなんて、当たり前」と感じる人も多いかもしれません。しかし、このスキルは、初歩的でありながらも、とても大切なスキルです。自他の区別がつくことが必要であり、整理整頓にも関連するスキルになります。大人になってからの、仕事の書類の管理や一人暮らしなど家全体の物の整理整頓などにも関連してきます。

このスキルは、目安として小学校入学を境に、得意か得意でないかが分かれるようになってきます。なぜなら幼稚園や保育園の頃は、お便りは先生から親に直接渡されたり、子どもがカバンに入れる場合でも先生がしっかりと確認をしてい

たりする場合が多いからです。そのお便りをもとに親も用意するべき持ち物がわかり、確実に持っていけるよう気をつけることができるわけです。そのため、複数の持ち物などの物の管理自体は、子どもには求められないのです。しかし、小学校に入学すると、先生は直接子どもにお便りを渡し、親は子どもからお便りを受け取るようになります。そうすると、子どもが学校からお便りをもって帰ってこなかったり、もって帰ってきても親に渡さなかったりということが起こり、親もチェックができずに「忘れ物」が生じてくることがあります。

◆全体像を把握できるように見てわかる形に

小学校入学時には、鉛筆一本一本にまで名前を書くなど、名前を書いて自分の物であることを明確にしていることが多いのではないでしょうか。ただ、ここで注意したいのは、「これが自分のである」ということだけでなく、「自分はいくつもっているのか」という全体像を知ることも大切だということです。

教室を利用しているDくん（中学生）は、教室で自分の荷物の整理が苦手で、親御さんからも「ゲームの片づけができなかったり、忘れ物・なくし物が多かったりする」との相談がありました。中でも学校に行くときには筆箱の中身を揃えて家を出しているのに、帰ってきたときには全部揃っていることがほとんどないとのことでした。そこで筆箱の中に貼れる大きさの、「筆箱の中にあるもの」を書いたカードを作り、貼っておくこととしました。Dくんの意見も聞きながら、大きさを工夫したり、Dくん好みのかっこいいデコレーションをしたりしました。また、学校の先生にもお願いし、帰る前にカードを確認して筆箱の中身を揃えるように声掛けをしてもらうようにしました。教室でも自分の筆箱を出して宿題をするようにして、宿題が終わればすぐにカードを見ながら筆箱の中身を確認することを習慣化していきました。

最初はカードを見ながら確認する際にもスタッフからたびたびの声掛けが必要でしたが、繰り返すうちにほとんどカードを見なくても「鉛筆は〇本だから……」と確認できるようになっていきました。

物を管理することや片づけることが苦手な子どもの場合、細かいところの〝一部〟には目が行くものの、〝全体〟に目を向けることが苦手な傾向が多く見られます。日常的な指示など言葉の理解はできている場合でも、中身をすべて書いて貼っておいたり、チェック表を用意して確認できるようにしたりするなど、見てわかるものを用意してあげるとよいでしょう。最初は親が作ってあげても、慣れてきたら少しずつ子どもに作らせるようにして、親の援助から子どもの自立へと移行させていくことが大切です。自分で管理しなければいけない物の種類や量は、年齢があがるにつれて増えていきます。そのときの子どもの状態、物の種類や量などに応じて、適宜、調整していくことが大切です。

ポイント

◆「頭の中で考えられているはず」ではなく、見える形にして確認していきましょう。最初はできるように親が整えてあげながら、少しずつ手を引いて自立を促しましょう。

視点 8

提出物の期日を守ることへの意識を高める

◆中学生でつまずきやすい提出物

主に普通学級に在籍している場合に限られますが、つまずきやすいポイントとして提出物があげられます。これは小学校の時と中学校の時で大きく異なります。小学校の時は「毎日ドリル〇ページ」や「明日提出」と前日に出された宿題を、翌日に提出することがほとんどです。しかし中学校になると、テストの日程に合わせて、1～2週間先の提出というケースが増えていきます。その違いに子どもが混乱し、提出物である課題をどういうペースで進めたらよいかわからず、ギリギリまで取り組み始めず、提出日までに完了できなかったり、伝えられてから提出までに期間があいたために提出物のことを忘れてしまったりすることがあります。

◆子どもでも手帳を活用して、予定の全体像を把握できるようにする

「締切を守れない」と一言で言っても、守れない理由はさまざまです。たとえば、記憶する力が弱く、複数のことを覚えておくことが苦手な場合があります。また、やりたいこととやらなければならないことの優先順位をつけたり、行動を制御することが苦手であったり、複数のことを長期スパンで順序立てて計画を立てることが苦手な場合もあります。

どのような場合においても、スケジュール帳が有効となります。教室を利用しているEさん（中学生）は、教室の活動予定や学校の行事などさまざまなスケジュールが気になり、頻繁にスタッフに確認していました。そこで親御さんと相談し、Eさん用の手帳を買ってもらうこととしました。Eさんが自分で好きなデザインのものを選び、教室や学校から予定が配布されるとすぐに書きこんでいました。Eさん自身が忘れてしまうということを気にしていたこともあり、手帳に書くことで安心と自信につながったようです。

大人でも手帳やスマートフォンのカレンダー機能などを使用している方は多いと思います。「いつ」「何の」予定があるのかといった全体像が見えることが大切なのです。全体像の見える範囲として、週間がよいのか月間がよいのか人によって違いますので、子どもに合った範囲を見つけていきましょう。また、記載しても確認しないで忘れてしまうのは、とてももったいないですね。手帳を活用するのであれば、記載するだけでなく、毎朝あるいは寝る前に翌日の予定を確認することも習慣として定着できるように促していくことが大切です。

ポイント

◆予定の全体が見えるように手帳に記載し、特定の時間で手帳を確認する習慣をつけるように促していきましょう。

視点 9

「やりたいこと」と「やらなければならないこと」のメリハリをつける

◆「やりたい」と「やらなければならない」のバランスが大切

人は誰もが、人から指示をされたり決められたりしている「やらなければならないこと」をやるよりも、自分で考えたり好きだったりするような「やりたいこと」を行って過ごしたいと思うものです。しかし、社会で生きていくためには「やりたい」という気持ちだけで生きていくことは難しく、「やりたいこと」と「やらなければならないこと」のバランスが大切になります。

親としては、「やりたい」気持ちが強い子どもよりも、「やりなさい」と言ったことをスムーズにしてくれる子どものほうが育てやすいかもしれません。しかし、「やりたい」という気持ちはとても大切なものです。なぜなら「やりたい」という気持ちが「自分で考える力」につながるからです。

◆やりたいことをするための時間を、子どもと相談して決める

教室を利用しているFくん（中学生）は、小学生の頃から教室を利用していました。小学生の頃は学校から帰る時間が早く、教室についた直後は少し遊んでから宿題をするという流れで過ごしていました。しかし、中学生になると学校から帰る時間が遅くなるため、最初に遊ぶ時間を作ってしまうとみんなで行う活動の時間までに宿題が終わらない状況になってしまいました。Fくんも最初は生活リズムの違いにとまどいが見られていたものの、Fくんとスタッフとで相談して、Fくんがやりたいことができる時間も取り入れながら、宿題などのやるべきこともできるように教室での過ごし方の時間を決めてみました。すると、少しずつその時間で過ごすことができるようになりました。

年齢があがるにつれて、物理的な時間の問題で「やりたい」ことをできる時間が減ってしまうケースは多くあります。それでも、一日三〇分とか、平日は難し

いけど休日は一時間とか、祝日や長期休暇を活用するなどして、子どもが考えるやりたいことができる時間を確保してみましょう。これは、親から一方的に決めるのではなく、子どもと一緒に相談しながら決めることが大切です。子どもから意見を聞くと、親が思うよりも長い時間をやりたいことへの時間にあてようとして、やらなければならない時間が少なくなったり、寝る時間が遅くなってしまったりすることがあるからです。平日は八割方親の意見寄りのプランだけど、休日は八割方子どもの意見寄りのプランを採用するなど、折衷案を考えることが大切です。

ポイント

「やらなければならないこと」に取り組むことは社会で生きていくために必要なスキルであり、自分で考えて行動できる人になるためには「やりたい」という気持ちも大切です。

視点 10

携帯電話・スマートフォンやSNSなどを使用する

◆子どもが「どういう使い方をするか」に注意

携帯電話やスマートフォン、タブレットが普及するに伴い、フェイスブックやツイッター、ラインなどのSNSを使用する人が急激に増えました。地域によって程度の差はありますが、中学生になれば携帯電話やスマートフォンをもっている子どもは多いのではないでしょうか。首都圏では、小学生でも、子ども用の携帯電話をもっている場合も多いでしょう。子どもの居場所を確認したり家に帰るときに連絡をしたりなど、今の時代に携帯電話は必要不可欠な道具となりました。

携帯電話やスマートフォンをもつことは悪いことではありませんが、子どもにもたせるにあたっては「どういう使い方をするか」を約束しておくことが必要となります。

これらの使用にあたっては、通話料や通信料、有料サイトの課金など毎月どの程度の金額がかかっているのかが子どもにとって見えにくいものであることや、健全なサイトと有害サイトの判断基準が曖昧であることなどが問題を顕在化させています。

◆初めてもたせるタイミングで、家族内のルールを設定

大人でも十分な基準をもっているわけではなく、予想以上にお金がかかり、請求書が届いて驚くというケースも発生しています。まだまだ発展途上の領域であり、世間的にも問題が生じてから基準を作るという状況でもあります。そこで、一般常識としてどうかということではなく、家族のルールとしてどうするかを決めることが大切になります。実際に問題が生じてから決めていくことも一つの方法ですが、子どもがどのように使っているかはとても見えにくいものです。また、子どもにとっては、今までＯＫだったものがいきなりダメとなると受け入れにく

かったり、反抗期に入っていると問題に対して相談をするということが行いにくかったりする場合があります。

できれば、携帯電話やスマートフォンをもたせるタイミングで、家族内でしっかりと話し合って最低限のルールを決めておくことをおすすめします。いざ使い始めると、想定外の問題が生じることはありますので、そのときにはその都度、話し合いの時間を設けてルールを追加していくことも必要となります。

ポイント

◆携帯電話・スマートフォン、SNSの使用にあたっては、一般常識としてではなく、「家族のルール」として家族で話し合って設定しましょう。

第3章

時間管理・スケジュール管理スキルを高める

視点
11

時間管理・スケジュール管理とは

◆時間や日付は、形のない、把握しにくいもの

時間やスケジュールについては、私たちが毎日触れているものであるため、「あえて学習した」と思う人は少ないのではないでしょうか。時計やカレンダーとして表示されることにより把握できますが、もとは形のないものです。そのため、感覚を把握しにくく、理解することが難しいと言えます。中でも、発達障がいがある子どもは、抽象的な情報の把握に苦手さがあったり、暗黙の了解など見えない情報を感覚で把握することに困難さがあることも多いため、時間管理やスケジュール管理を苦手とする子どももたくさんいます。親が子ども時代に「あえて学習した」内容ではないために、子どもにどう教えていけばよい

のか、方法がわからずに悩んでしまうことも多いかと思います。

教えることが難しい一方で、「朝の支度が時間通りにできない！」「宿題を時間通りにしない！」など、日常的なことのために、イライラしてしまうケースも多いのではないでしょうか。

◆時間管理やスケジュール管理は、信用問題にかかわる

では、時間管理やスケジュール管理がなぜ必要なのでしょうか。親の言う通りに行動してもらうためでしょうか。家事をする親のペースを崩されないようにするためでしょうか。確かに「今」を考えるとそうかもしれません。時間管理をちゃんとしてくれたら、イライラしないことも増えるでしょう。

しかし、それらは、子どもが将来、社会で生活していくときに人の信用を裏切らない生活を送るために必要となるものです。「時間に遅れる！」「約束を守らない！」などの状態が続けば、周囲の人からの信用を裏切ることになり、友達が離れていったり仕事を任せてもらえなくなったりする可能性が高くなります。その

ような状態にならないために、少しでも早い時期から時間管理を学習できるかかわりをして、習得できるように促していくことが大切です。
ただ、毎日のことになるため、最初は朝のような忙しい時間帯は避け、休日など少し落ち着いて過ごすことができる時間帯から始めることをおすすめいたします。まずは特定の短い時間帯から始め、少しずつ場面を変えたり時間を延ばしたりして、できる範囲を広げていきましょう。

ポイント

親が気持ちにゆとりをもってかかわれる特定の時間帯から、時間管理を学習できるかかわりを増やしていきましょう。

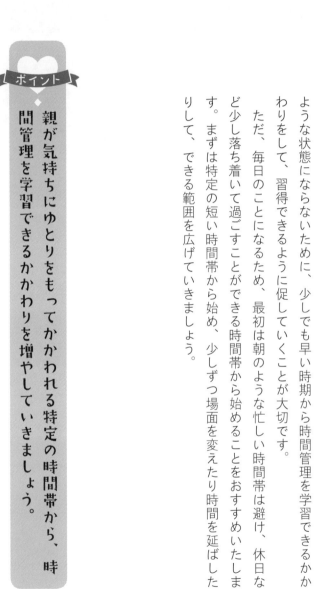

視点 12

時間感覚の理解

◆曖昧だからこそ、把握しにくいもの

発達障がいがある子どもにとって、「あとちょっと」とか「もう少し」などの感覚を理解することが難しいケースが多く見られます。もっと遊びたいという子どもに対して、「じゃあ、あと少しだけね」と言っても、やめどきがわからず、お互いに苦しい思いをした経験をもつ親御さんも多いのではないでしょうか。

そこで「あとちょっと」や「もう少し」といった曖昧な伝え方ではなく、まずは「あと五分」など具体的なことを介して親子で共通の認識をもつことが大切になります。そのための一つの方法として、タイマーの活用があります。「あと少し」とはタイマーのアラームが鳴るとき、あるいはゲームは宿題が終わってから

遊ぶなど、約束ごとを子どもの自己決定のもとに決めておき、それが守れたらほめてあげ、ゲームの時間を約束の時間よりも十分間延長したり、もしくはシールなどのごほうびをあげるようにしてみましょう。それを繰り返すことで、子ども自身も達成感をもてるようになり、自分なりの成長が感じられるでしょう。

◆時計が読める子どもでも、耳から入るタイマーは時間管理に有効

教室では、十数名の子どもたちが放課後の時間を過ごしています。教室で決められた活動に取り組む時間もあれば、学校の宿題など個人の学習に取り組む時間、自由に遊べる時間などがあります。そうした中で、「あと少ししたら活動の時間だよ」というような指示では、スタッフ同士感覚の違いもあるため、子どもたちにはとても伝わりにくくなります。そのようなときにも、タイマーはとても役立ちます。「タイマーが鳴ったら、活動の時間だよ」と子どもたちに伝えると、タイマーの時間が減るのを気にして早く片づけ始める子どももいれば、耳から入るタイマーの音で片づけなければならないことに気がついて慌てて片づけ始める子

どももいます。時計が読める子どもの場合には、「〇時になったら」と時間でも伝えています。しかし、時計は意識的に顔をあげて見なければならないのに対して、タイマーは下を向いて夢中に取り組んでいたとしても耳から入ってきて気づくことができます。時計が読める子どもであっても、タイマーは十分に活用可能です。一人の子どもに対して有効なのはもちろんですが、きょうだいがいるなど家族全員でスタートしたい場合などには特に有効に機能してくれます。

ポイント

◆「〇回」「〇分」などの具体的な表現で、明確な共通認識をもちましょう。ツールとしてタイマーの機能を有効に活用してみましょう。

視点 13

見通しをもつ

◆毎日のことでも、子どもにとってはすべき行動がわからないことも

たとえば、朝の身支度だったり、学校から帰宅したあとの片づけや宿題への取り組みだったりと、毎日の決まった行動なのに、それがなかなかできない……。

そういうこともあると思います。毎日のことなのだから、できるようになってほしいし、「どうしてできないの？」とイライラしてしまうこともあるでしょう。苦手な理由はその子の特性によって異なってくるとは思いますが、実は何をすればいいのか本当はわかってないということもあります。

教室でも、よく試みているのは、時計の文字盤の絵と行動の絵カードを壁に並べて表示しておき、子どもたちと一緒に確認しながら行動するというやり方です。

「三時になったらおやつ」「四時半になったら帰る支度」という具合に貼り出しておきます。時計は針のある文字盤のほうが見やすい場合もあれば、デジタル表示の数字だけのほうが見やすい子どももいます。行動の絵カードもイラストだけだったり、文字も一緒に表示したほうがよかったり、むしろ文字だけのほうがいい場合もありますし、写真がわかりやすいということもあります。その子にとって、どの表示方法が一番伝わるかというのは、一人ひとり違います。

◆スケジュールを決めたら、毎日同じスケジュールを心がける

表示の仕方は子どもに合ったものを選べばよいのですが、ポイントはスケジュールを決めたらそれを変えないということです。朝の身支度について、着替え→洗顔→歯磨き→朝食という順番を決めたら、毎朝その通りにします。学校から帰ってきたら、荷物を部屋に置く→宿題を出す→宿題をやる→ゲームなどの順番を決め、それを毎日繰り返してみましょう。その日のやりやすい順番にしたほうが効率もよさそうに思えますが、同じ順番にしておくことで子どもは自分の行

動に見通しをもてるようになることが多いのです。
教室を利用しているGくん（小学校高学年）は、教室を利用し始めたばかりの小学校低学年の頃は、活動の切り替えにスタッフからの一つひとつの指示が必要だったり、掲示されているスケジュールを毎回確認していました。しかし、だんだん過ごし方がわかってくると、「三時だからおやつだよ」とか「おやつのあとは活動だよね。今日は何やるの？」などと言いに来るなど、Gくんのほうから進んで行動するようになりました。さらに、今ではスタッフからの声がかかる前にオモチャを片づけておやつの準備の手伝いをしてくれるようにもなりました。見通しがもてて、子どもが安心できると自主的な行動が増えてきます。

ポイント

親が思う「毎日やっているのだからわかるだろう」が子どもには難しい場合もあります。スケジュールを決め、見通しのある生活を送ることが時間感覚を高めるための第一歩です。

視点
14

スケジュール管理

◆休日の予定の組み立てで、時間感覚と実際の違いを体験

先ほど、毎日のスケジュールを同じに心がけて、見通しをもつというお話をしました。これは、一日のスケジュールだけでなく、一週間や一か月の予定でも同じことで、見通しをもった生活をすることは大切になります。平日の学校がある日は学校や習い事など比較的予定が決まりやすく、ほとんど同じスケジュールで過ごすことも多いことでしょう。それに対して、土日などの休日は、日によって異なるというケースも多いかと思いますので、スケジュール管理スキルを高めるための練習に有効活用できます。休日という自由に使える時間をどのように使うのか、その相談を親子で行いながら計画を立てることは、時間管理やスケジュー

ル管理への意識を高めることにつながります。中には、この活動にはどの程度の時間がかかるのかを経験と結び付けたり想像したりすることが難しい子どももいます。子どもと一緒にスケジュールを立てたうえで、子どもが考えた時間と実際にかかった時間とを照らし合わせて、身体で感じている時間感覚と実際の違いを子ども自身で経験し振り返る機会を作っていくことも、時間感覚を養うことにつながります。

◆定期テストの学習スケジュールをもとに、考え方の習得を

普通学級に在籍している場合に限られるかもしれませんが、もう一つのスケジュール管理の練習に活用できる方法としては、中学生以降の定期テストに向けた学習スケジュールの組み立てがあります。小学生の頃は一つの単元が終わるとテストがあったのに対して、中学生になるとテスト期間が決まっていてテスト範囲や提出物も約一～二週間前に伝えられることが多いでしょう。そのような期間で、指定された範囲の提出物を終わらせるためには、どのようなペースで進めて

いけばよいのかを考えることが、スケジュールを組み立てるための考え方を学ぶ機会になるのです。「提出物は何ページあるのか」「○日で終わらせるためには一日何ページを終わらせる必要があるのか」など、考えなければならないポイントを書き出して、一日の学習内容を決めていくというように見える形にすることで、子ども自身でも進めやすくなると思います。「もう中学生だから」と子ども一人に任せてしまうことが有効な場合もありますが、学習方法に関しては小学校までと中学校以降では大きく異なることが多いです。期限までに提出できる、試験日までに出題範囲を網羅するためのスケジュールが立てられるなど、計画を立てるためのかかわりを心がけながら、親子で一緒に考えていきましょう。

ポイント

◆土日の予定や定期テストの学習スケジュールを通して、計画を立てる機会を作っていきましょう。「中学生だからできるだろう」ではなく、一緒に考える機会を作ることは大切です。

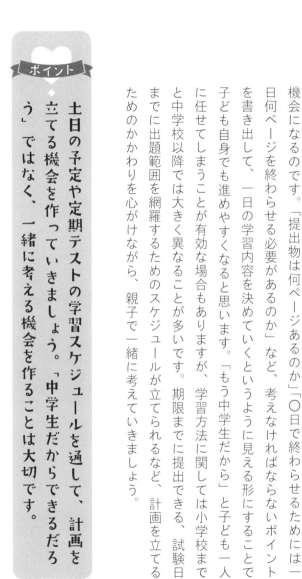

視点 15

根気強く、繰り返しの練習が必要

◆「感覚で把握する」ことが苦手な場合は、言葉や文字に

朝の支度時間、学校から帰宅後の時間、就寝前の時間と一日の中でもさまざまな時間の使い方があり、かつ毎日、練習する機会があります。逆を言えば、毎日のことだからこそ、毎日伝えているのにできないことが親のイライラを引き起こす原因にもなりますし、多くの方が悩んでいることでもあります。

時間や日付は見えないもの、かつ形のないものというように、とても曖昧なもののために、把握することや管理することの難しさが生じています。「感覚で把握する」ことが苦手な子どもにとっては、「言わなくてもわかるでしょ！」「見て判断しなさい！」ということが通用しません。だからと言って、学習できないと

いうわけではありません。きちんと言葉や文字にして説明を行い、知識として伝えることにより、少しずつ習得できるように促していくことができます。しかし、一度伝えたらすぐにできるようになるというものではないため、繰り返し同じことを何度も伝えたり確認するように声をかけたりすることを続けていくことが大切なのです。

◆叱責や説教ではなく冷静に伝え、ほめることも忘れずに

もう一つ大切で忘れてはならないことが、伝え方や声掛けの仕方として叱責や説教にならないようにするということです。年齢があがってくると、繰り返し同じような失敗をしていれば、子ども自身も同じ失敗をしてしまったことに気づくことも多くあります。

しかし、頭でわかっていてもうまく行動できないことに、子ども自身が悩んでいることも考えられます。繰り返し伝えると言っても怒って伝えているのでは、子どもにとって嫌な経験にしかならず、「次、頑張ろう！」とやる気を引き出さ

せることは難しくなります。そのため、親の「冷静さ」が必要となるのです。
怒って伝えるのではなく、「どうしたらいいんだっけ？」と冷静な態度で確認を行うことが、子どもも冷静な気持ちで状況を振り返ることにつながります。そして、行動としてはできていなくても、頭で考えたときには正しい答えを出すことができたというような、少しでもできている部分に関しては、子どもをほめる・認める声掛けをしてあげましょう。

ポイント

◆親自身の冷静さを忘れずに、「どうしたらいいんだっけ？」と確認を行うことが大切です。そして、少しでもできているところはほめてあげましょう。

第4章

子どもが自立した生活を送るために

視点
16

子どもに合った「自立」を考える

◆「一人でできること」と「助けが必要なところ」の境界を見つける

「自立」と聞くと、どんな状態をイメージするでしょうか。一般的に、「自立とは他の人の助けなしに、自分一人で物事を行うということ」と考える方が多いのではないでしょうか。しかし、他の人の助けを一切借りずに一人で生きている人が世の中にどれだけいるでしょうか。人は完全には一人で生きることはできないので、誰もが支えあって生きています。つまり、どこまでの範囲を一人で行えるのか、どこからは他の人の助けを借りるのかということは、人それぞれであり、「自立」の範囲も人によって異なります。

たとえば、普段の生活では自分で判断・行動をしていても、遺産相続のような莫大な資産の管理や手続きに関しては専門家に一任する人が多いでしょう。しかし人によっては、莫大な資産であっても自分で管理や諸々の手続きをしている方もいるはずです。一方で、月々の生活費も他の人が管理を手伝ったほうがよい場合もあります。

どの状態が完全な「自立」というかは正解があるわけではありません。子どもがどこまで一人でできて、どこから助けが必要なのかを見極めていくことが大切となってきます。

◆子どもの過去と比べて、「一人でできること」の範囲を広げる

新たなスキルの獲得をするにあたっては、一回やればできる子どももいれば、五回・一〇回と繰り返すことが必要な子どもなど、子どもによって獲得するまでのペースはさまざまです。早いうちから日常的に、家事やお金の使用など社会生活をするうえで必要なことに子どもが触れるのは重要です。そうすることで、子どもが成人したときに「自立」できている範囲がより広がります。

また、子どもにとっても、いきなり「あれもできるようにならないと！」「これも覚えないと！」などと過重な要求に悩むことなく、意識していなくても「すでにできている」という状態になります。そうすると、子ども自身が環境を変えたい、あるいは変える必要があると思ったときにスムーズな移行ができるようになるはずです。子どもがどこまで自分でできるようになるのか、それは子どもによって違うため、周囲と比べるのではなく、以前の子どもの状態と比べて、どの程度できることが増えたかを考えていけるといいですね。

ポイント

◆大人になったときに少しでも自分でできる範囲が広がるように、早いうちから少しずつ家事などの身の回りのことに取り組む機会を日常的に取り入れていきましょう。

視点 17

家事スキルを身につける

◆「家事」は年齢が小さい頃から練習ができる、自立への第一歩

「自立」と聞くと、就職してお金を稼いで、そのお金で生活するといった仕事・経済面を考えがちかもしれません。しかし、それだけではなく、家の中のことをどれだけ一人でできるのかということも、大事な「自立」の一つです。そして、自立への第一歩として、スキルの獲得に向けた練習ができるものが「家事」なのです。

家事と一言で言っても、片づけ、掃除、洗濯、買い物、調理、ゴミ出しなどやることは幅広くあります。たとえば、いざ一人暮らしをすることになったときに、今まで一度も経験がない状態でゼロから習得しようとすると、環境変化への

適応に加えて新しいスキルの習得をしなければならないということに多大なエネルギーが必要となります。そうすると、一度に大きな負荷がかかることとなりま す。それを乗り越えるだけのエネルギーや適応力をもっている人もいるでしょうが、それなりに適応して新しいスキル習得ができても頑張りすぎて精神的・肉体的に疲れてしまい、長期的に持続できなくなってしまう人もいるはずです。また、人によっては、新しい環境の中で何を自分がしなければならないのかを考える力が弱く、生活リズムなどが崩れてしまう場合もあるかもしれません。

教室を利用しているHさん(中学生)の親御さんから、「大人に向けて、家のことをいろいろとできるようになってほしいけど、自分も仕事をしていてゆっくりとHに教えながら家事をする余裕がなくて……」と相談を受けたことがありました。Hさんは小学生の頃に比べて、自分の身の回りのことはできることが増えていますが、新しいことを覚えるのにはとても時間がかかる傾向がありました。親御さんと相談のうえ、忙しい親御さん自身の負担が大きすぎない範囲で、新たなスキルの獲得ではなく、「習慣化する」ことを目標としました。具体的には、①

教室ではおやつ後にみんながおやつの包装紙などを捨てた袋の口を閉じてスタッフに渡すこと、②家庭では親御さんが玄関に出したものをHさんが近所のゴミ捨て場に捨てに行くこと、を役割としました。最初は毎回声掛けをしていましたが、少しずつ声掛けがなくてもできるようになり、その他のことに対しても自主的に手伝いをしようとする姿勢が見られるようになりました。

◆段階を分けて、子どもに合ったステップでの練習を重ねる

どこまで一人でできるようになるのか、それは子どもによって異なります。たとえば、ゴミ出しという一見、簡単なようなことでも、①自分の住む場所のゴミ捨て場を把握する、②自分の住む場所のゴミの収集日・時間を把握する、③大分類の分別の仕方を理解する、④自分の住むところの分別の仕方を把握する、⑤指定の曜日・時間に間に合うように出す、などの複数のスキルが求められてきます。まずは、ゴミを捨てる所定の位置を教えて「これ出してきて」と出す時間にまとめたゴミを渡して出せるようにしたり、家の中で地域の分別に従っ

てゴミ箱を分けて何を捨てたらよいかを明記し、分別の方法をわかりやすくしたりするなど、段階を分けて早いうちから「お手伝い」として取り入れていくことが大切です。そして、子どもの年齢や発達状態に応じて、少しずつレベルをあげていき、大人になったときに少しでも自分でできる範囲が広がるように繰り返し練習を重ねていきましょう。大人になったときに、自分で判断して状況に合わせていける子どももいれば、曜日・時間・分別の仕方など段取りを明記して枠組みを整えるところまでですると自分でできるという子どももいます。周囲からフォローを受けることは悪いことではありません。子どもに合わせて、「何が」あれば子どもが自分でできるのかを見つけていきましょう。

ポイント

大人になったときに少しでも自分でできる範囲が広がるように、早いうちから「お手伝い」として日常的に家事に取り組む機会を作りましょう。

視点
18

公共交通機関の利用

◆地域に応じた利用の方法に慣れておく

地域によっては、日常生活は徒歩や自転車での移動で用事がすんでしまうことも多いはずです。それでも、雨の日などにバスや電車を利用することが必要になる場合もあります。中には、基本的な移動が電車や車という地域もあるでしょう。車の免許は一八歳になってからでなければとれないですし、場合によっては何度受けても落ちてしまうということもあります。早いうちからできることとしては、公共交通機関を利用する経験を重ねておくことです。普段は自家用車移動で、バスなどの公共交通機関を利用する機会がないという場合でも、たとえば月に一回はバスで出かけるなど、あえてバスを利用する機会を作ることもよいと思います。

そうすることで、大人になってもし車の免許がとれなかった場合でも、一人で活動できる範囲が広がり、より余暇を楽しむことにつながります。

◆マナーについても繰り返し実践で習得できるようにする

公共交通機関の利用と言っても、乗降の仕方から始まり、切符の購入の仕方やＩＣカード導入の地域であればチャージの仕方・残高の確認、複数路線があれば利用路線の選択や乗換の仕方など高度なスキルが求められます。

ＩＣカードの場合、高額をチャージしておくと電車好きな子どもは一人でどこでも乗って行ってしまったり、自動販売機やコンビニなどで自由に買い物をしてしまったりすることもあります。

実際に教室でも、「チャージをしていると、学校帰りに毎日自販機でジュースを買ってしまって……」と金銭的な面と糖分のとりすぎを気にして止めさせたいと親御さんから相談を受けることがありました。Ｊくん（中学生）は、食べること、中でも甘いものが大好きで、肥満気味でした。チャージする金額・曜日、ジュースを買ってもよい曜日を、Ｊくんの思いも聞きながら決めて約束ごととしました。そのような使用するうえでの注意点を伝えることも大切になります。

一緒に利用する、「こうして」と伝えながら子どもにやらせる、親は一歩引いて見守りながら子ども一人でやらせる、親がついていかずに子ども一人で利用させてみるなど、経験のさせ方にも段階があります。子どもの状態に応じて、どこから始めるとよいのか、どのようにステップを重ねていけるとよいのかは変わってきます。

ポイント

公共交通機関は地域によって、利用方法が大きく異なります。今の地域の中での利用方法のルールに慣れるように、あえて機会を作ってでも経験できるようにしておきましょう。

視点 19

日常的な金銭管理・金融機関の利用

◆金銭管理につながるステップは、小学生でも経験できる

金銭管理に関しては、家事スキルや公共交通機関と同様に幅が広いということだけでなく、さまざまなトラブルと直結しやすいため、どこまで伝えればいいのか、どう伝えれば子どもに伝わるのかなどとても難しいテーマです。しかし、とても重要なことでもあります。

まずは「お金があると物が買える」や「お金は大切なものと知る」ことが金銭管理の第一歩になります。そう考えると、多くの家庭で小学生の頃から行っていること、たとえば、近所のお店で欲しいものを購入することや、お手伝いをした報酬としてもらった一〇円を少しずつ貯めていくことなどが、すでに金銭管理に

つながるスモールステップの積み重ねであったことに気づきます。

教室を利用している子どもたちにとって、お買い物ごっこやお買い物体験はとても人気のある活動です。購入時のお金の計算ができるようになるだけでなく、順番を待つことや注文時の話し方、さらには店員さんになって接客の仕方など社会性の体得やコミュニケーションスキルへのアプローチにもなるため、教室での活動としてたびたび取り入れています。模擬貨幣や絵カードを用いてごっこ遊びとして取り入れることもあれば、普段はスタッフが一人ひとりにお皿に載せて配っているおやつですが、今度は購入する品物として、子どもたちがそれぞれ買ってくるようにすることもあります。あるいは、事前に買う物を決めて実際にお店に買いに行くこともあります。プリントによる計算の練習をすることを嫌がる子どもでも、お買い物ごっことしてならば、時間がかかっても楽しみながら頑張って計算している様子が見られていました。

◆習得のステップは、目の前の子どもの状態をよく見て判断する

子どもによって、複数の物の中から欲しいものを選んで品物とお金の交換を目標にする子どももいれば、お金の計算をしたうえでお金を渡して品物を受け取るということを目標にする子どももいます。どのようなステップで習得を進めていくかは、子どもの発達状態により異なるため、一概には言えませんが、目安として次のように進めるのも方法の一つです。もちろん子どもによって、もっと早く進められる場合もあれば、そこまで求めることは難しいという場合もありますので、目の前の子どもの状態をよく見て判断することが必要となります。

小学校低学年頃では、品物の選択→レジに持っていく→お金を支払う→おつりをもらうという買い物の一連の流れを知るようにします。小学校高学年頃では、小遣いの中で欲しいものを買ったり、お手伝いをすることで小遣いを渡す家庭の場合は欲しいものが買えるように日々のお手伝いの回数を増やして小遣いを貯めたりするなど、欲求と絡めて計画的にお金を使うことや我慢する力を高められる

ように促していくということが目安になります。細かい方法は、ご家庭の教育方針によって異なるでしょうし、どれが一番よいという正解はありません。また、子どもによっても合う・合わないがあるかもしれません。たとえば、お金を計画的に使うことに関して、一か月単位でできる子どももいれば、一週間単位にしたほうがいい子どももいたり、もしかしたら一日ごとから始めたほうがいい子どももいるかもしれません。中高生頃になると、お年玉など大きな額のときには金融機関を利用して貯金する、ＡＴＭを利用するなどの機会を作ったり、お金の貸し借りやおごるなど友達とのあいだでの金銭のやりとりに関するルールを伝えたりすることが必要になってくることでしょう。

ポイント

◆買い物の仕方やお金の計算、計画的にお金を使うことなどは、子どもの年齢・発達状態に応じて、日常の小さな額から積み重ねていきましょう。

視点
20

健康管理・病院受診

◆不調を伝えるための表現レパートリーを増やしましょう

健康管理と聞いて、まず必要だと思い浮かべることは何でしょうか。手洗い・うがいをして風邪をひかないように気をつけることでしょうか。大きな病気の早期発見ができるように健康診断などを受けることでしょうか。これもまた、どこまでできるようになるのか、どこまでを求めるのかは子どもによって異なります。

まずは自分の体調不良やケガに気づくことから始まります。そして、その不調やケガを訴える、不調やケガの場所を伝える、どのような痛みや不調があるのかを伝える……というように少しずつレベルをあげていきます。ちょっとした不調や痛みに子ども自身が気づければ、今度はそれをどう伝えるか、誰に伝えるかなど、スキルを習得させやすいでしょう。しかし、ちょっとした不調や痛みに気づきにくい子どももいます。教室を利用しているKくん（小学校高学年）は、切り傷のような見てわかるものに関しては、「痛い」と傷を示して伝えることができていました。一方、発熱のような体内で起きていて見えない不調に関しては、Kくん自身から伝えることはありませんでした。スタッフから「頭、痛い？」など聞いても、「痛くない」と答えることが多かったのです。そのような見えない不調の場合には、何をどう伝えたらいいのか、どうやって周囲が把握したらいいのかが、とても難しくなります。

◈不調に気づきにくい場合には、「見える形」にしてみましょう

発達障がいがある子どもの中には、見えないものや感覚的なものを理解することが苦手な場合が多くあります。そのことが、子どもと周囲の人とのあいだで共通の認識をもつことをとても難しくさせています。そのため、目に見えないもの・感覚的なものを、いかに見えるものの形として共通認識をはかるかというこ

とが大切になります。最もわかりやすいのは、体温計の数値です。おそらく多くの人は、調子が悪いと感じたときに体温計で熱をはかるでしょう。しかし、「調子が悪い」ということに気づきにくい場合には、朝起きたときにはかるなど毎日のルーチンとして行い、「何度以上なら熱があるから、病院に行く」などと決めて明確に伝えてあげることが必要な場合もあります。もちろん、すべての不調を目に見える形で表現することはできないので、定期的な健康診断を受けることを一年に一回のルーチンとするのも方法でしょう。

子どもの特性を知ったうえで診てくれ、子どものときだけでなく大人になってからも診てもらえるような、かかりつけの医師を見つけることも大切です。

ポイント

自分の不調に気づきにくい子どもは「見える形」にして、親子のあいだで病院受診のポイントの共通認識をはかりましょう。

第5章

ストレスに強くなる

視点 21

ストレスに気づく

◆子どものわずかなサインから、子どものストレスを見つけよう

現代はストレス社会と言われます。子どもでも大人でも、生きている限りさまざまなことにストレスを感じて生活をしています。しかしその一方で、実はストレスを抱えていることにも気づかない子どももたくさんいます。感情や体の感覚に気がつくのが苦手な子どもにとっては、気がつくとイライラがたまっていて、爆発的に怒ってしまったり泣いて暴れてしまったりする場合もあります。ストレスに強くなるためには、まずはストレスに気がつくことが必要です。

たとえば、苦手なことに取り組むときや、取り組もうとしているときの体の状態に目を向けてみましょう。歯を食いしばっているかもしれません。肩や腕の様

子はどうでしょうか。力が入っていませんか。子どもの表情や、一つひとつの仕草を見ているとわかることがあります。眉間にしわが寄って怖い顔になっていませんか。荒っぽく扉を開け閉めしていることはありませんか。それはなんだかイライラや落ち着かないときのサインかもしれません。何か嫌なことがあったらどうしようと不安に思っているかもしれません。そのような普段と少し違う不快な状態はストレスを感じているシグナルです。やりたくないことや苦手なことに取り組むとき、学校行事などでいつもと違うリズムで生活しなければならないときなどには、体や気持ちがこのような状態になっていることがあります。

◆周囲からの気づきで、悲鳴をあげる前に対処を考える

教室を利用しているLくん（中学生）は、小さい頃から環境の変化や慣れないことに対する不安や緊張感が高く、学校の行事などが近づくと落ち着きがなくなったり普段は取り組めている活動に取り組めなくなったりする様子が見られていました。体育祭を間近に控えたある日、学校の先生から「体育祭の練習をとても頑

張っていて、『リレーで一番になるんだ！』と張り切っている」との話がありました。頑張っていることは素晴らしいことですが、頑張りすぎていないかという心配がありました。

Lくんは、すでに教室での過ごし方に慣れているため、活動内容は初めてのことであっても積極的に取り組むことができるようになっていました。

しかし、学校で体育祭の練習が始まって以降、今までに何度も行ったことがある活動は取り組めていても、初めての活動内容になると活動に参加しない日が増えていました。そのようなLくんのいつもと違う様子に対しては、「体育祭の練習、頑張ってるんだよね。疲れちゃったよね」とLくんの今の状態をスタッフから言葉にして伝え返してあげるようにしています。

ストレスの感じ方や程度などは人それぞれであり、周囲から推測することは難しいことでもあります。「いつもと様子が違う」ということを一つのポイントとして、親が声をかけてあげることで子どもは自分のストレスに気づきやすくなります。「嫌なことあったの？」「イライラしているの？」「〇〇があったから、イライラしているのかな?」など、ストレスと感じているのではないかと親が思うことを言葉にして伝えてあげることで、子どもは自分の状態と言葉を結び付けて理解しやすくなります。

また、親が先に気づいてあげられれば、ストレスで苦しくなってしまう前に何か対処を考えてあげられますね。気がつかないで放っておくと、いつかこころが悲鳴をあげて爆発してしまいます。爆発してしまう前に、親子で一緒に対処できるようになるとよいですね。

ポイント

◆親が子どものわずかなサインに気づいて言葉かけをしてあげながら、子どもが感覚と言葉を結び付けてストレスに感じていることを自覚できるようにサポートしていきましょう。

視点 22

ストレスへの対処法を身につける

◆ストレスの原因の根本的な解決は、大きなエネルギーが必要

ストレスに強くなるためには、まずストレスそのものに気がつく必要があります。子どもが自分にとってストレスになりそうなことや、今ストレスを感じていることに気がつくことができれば、それに対処することもできるようになります。ストレスへの対処法はさまざまあります。カラオケなどのようにお金のかかることもあれば、一人でゆっくり過ごしたり、大好きな本を読んだりすることが、ストレス対処法になることもあります。ときには普段制限されている遊びや行動を、思いっきりするというのもよいでしょう。

ストレスの原因となっている問題を解決しようとしたり、直接対処しようとす

るのはものすごくエネルギーがいることです。今までと同じやり方ではなく、新しいやり方をしなければならなかったり、ときには我慢しなければいけないこともあるかもしれません。そうやって対処しようと思うだけのこころのエネルギーが十分にない状態で取り組んでも疲れてしまいます。

◆無関係に見える活動が、ストレスを軽減していることも

たくさん頑張っている中で、こころのエネルギーが減ってくたくたに疲れてしまうこともあります。そんなときには、問題に対処することと全く関係のないことをしてみましょう。この問題対処とは全く関係ない活動や遊びがストレス対処法につながることがあります。

教室を利用しているMさん（中学生）は、学校の宿題などわからないことをスタッフに尋ねることにストレスを感じているようでした。緊張したり恥ずかしいと思ってしまうのかもしれません。Mさんは「教えてください」と言うまでに、しばらく部屋の中をグルグルと歩き回る様子が見られることが多々ありました。

これがMさんにとってはストレスに対処する前の、まさに準備運動なのでしょう。

何がストレス対処法となるのかは子どもによって異なりますし、なぜこんな行動をするのだろうかと不思議な行動が意外に子どもにとってはストレス対処法となっている場合もあります。

子どもの様子を観察し、ストレス対処法となっているものはないかを探っていきましょう。子どもがうまくストレス対処法を見つけられていない場合には、選択肢を提案するなどしていろいろと試してみましょう。

ポイント

ストレスの対処法は人それぞれ。子どもに合ったものを見つけられるように、子ども自身で見つけた方法を認めたり選択肢を提案したりしてサポートしていきましょう。

視点 23

逃げることも必要

◆ストレスの原因をすべて取り去ることは難しい

ストレスを感じて辛くなってしまう前に、適度にストレスに対処をすることは、問題に立ち向かうこころのエネルギーを回復させるために大切なことです。とはいえ、ストレスの原因である問題をきれいさっぱり消し去ってしまうことは難しいときがあります。ときには逃げてしまうことも大切です。

教室を利用しているNさん（小学校高学年）は、いつもはどんな活動でも参加しています。しかし、珍しく工作の活動に参加しないことがありました。隅のほうから見ているだけで、スタッフが声をかけても「参加したくない」と言って参加しませんでした。その日の夕方、親御さんと今日の様子について話をしたら、

「実はうちの子、工作嫌いなんですよ。下手だって思ってるみたいで……」と教えてくださいました。Nさんは教室の中でもお姉さん的存在でさまざまなことを上手にできます。だからこそ余計に、工作は上手にできないことがストレスだったのかと思います。できなくてカッコ悪いなと思い、活動に参加しないという選択をしたようです。

◆まずは見守って、こころの声を聴いてあげましょう

逃げることとはカッコ悪いことに見えるし、いつでも頑張って取り組むことはカッコいいことだと思いがちです。でも、勇気を出して逃げるということは、こころを守るためにはとても大切なことです。

「一度逃げたらずっと逃げ続けるのではないか……」と思われるかもしれません。でも、一時的なこととまずは見守ってあげましょう。逃げなくてもすむ対処方法を一緒に考えていくのもよいですね。

嫌なことから逃げることをすすめるわけでも、避けることが素晴らしいと言っ

ているわけでもありません。どうしてもできないときにはちょっと離れてみることも大切なことです。

子どもからの「苦しいからちょっと休ませて」というメッセージの表現方法が「逃げる」ということなのかもしれないのです。ときには、そんなこころの声を大切にしてあげてください。ストレスから少し離れていることで、こころが元気になって、また難しいことや苦手なことを頑張ってみようと思えるようになるかもしれません。

ポイント

こころのエネルギーを回復させるためには、たまには休むことも大切です。ストレスに立ち向かうばかりではなく、たまには少し離れて休むことができるように見守りましょう。

視点 24

「幸せ＝ストレスがない」とは限らない

◆**たくさんの幸せがあるはずなのに、ストレスも多い？**

ストレスを感じるときというのは、やりたくないことをやらなければいけないとか、嫌なことを誰かに言われたなど、ネガティブなことを原因としている場合が多いです。楽しいことをするのはストレスを減らすことにもなるので、楽しいことだけしていたいと思いがちです。でも実は幸せなことや、楽しいことでもストレスとなる場合があるのです。

人は楽しいことよりも、嫌なことを見つけることが得意です。嫌なことを避けたいと思うのも普通のことです。嫌なことは生命を脅かすのではないかと、本能的に感じてしまうからです。そうしなければ元気に生活することが難しくなってしまうためです。そのため、嫌なことにはすぐ気がつきます。

一方、幸せな瞬間は長く続きません。旅行に行っても、ふとした瞬間に「帰ったらお休みはおしまい」と思ったり、「毎日こんなふうに楽しかったらいいのにな。でも本当はそうじゃないんだよね」と思ったりすることもあるでしょう。幸せであればあるほど、対極にある嫌なことに気がつきやすくなるのです。

◆一つの幸せが、「もっと、もっと！」とストレスとなることも

また、幸せを一つ見つけると、「もっと幸せになりたい。もっともっと楽しいことがしたい」と次の幸せ探しをしてしまいます。今まで小さなことで満足できていたのに、もう満足できなくなってしまって、次から次へと探してしまいます。これはゲームに似ているかもしれません。

一つのゲームを買ってもらって楽しいのに、次のゲームが欲しくなる。今のゲームに飽きたわけではないけれど、やっぱりもっと新しいもの、おもしろいものが欲しくなってしまう。

幸せもそれとよく似ています。新しいゲームが買ってもらえないとイライラしたり、腹立たしく思ったりするように、新しい幸せが見つからないと、やっぱりこれもストレスになります。幸せであればあるほどストレスも感じてしまうというのは、こんなメカニズムがあるからです。

ポイント

◆一つの幸せから、人はどんどん欲張りになっていきます。それがストレスとなる場合がありますが、感じた幸せ一つずつを大切にしていきましょう。

視点 25

ストレスも必要

◆人生を楽しむためには、刺激が必要

子どもにはできるだけストレスを感じないで過ごしてほしいと思っている方がたくさんいらっしゃいます。ここまでに、嫌なこともストレス、幸せなこともストレスだというお話をしてきました。そうなんです。ストレスは何をしてもつきまとうものなのです。「でも、やっぱりストレスなく生活したい。ストレスを子どもに与えたくない」と感じることもあるでしょう。では、ちょっと角度を変えて考えてみましょう。

そうめんを食べるときのことを思い出してみてください。そうめんを食べるときには、必ずめんつゆを用意しますよね。そうめんだけで食べる人は少ないので

はないでしょうか。めんつゆにも、ネギやみょうがの薬味や、しょうがやわさびを入れて刺激を足します。たまにはそうめん自体に工夫をしてみたりもします。そうめんを工夫して、そうめんを楽しむために、いろいろ足したり引いたりしているのです。

人生をそうめんを食べることに置き換えるとするなら、ストレスはめんつゆや薬味にあたります。人生を楽しむためには、刺激も必要。いつも同じで、何も変化がないというのは、年齢にかかわらず退屈なことです。

◆ストレスとうまく付き合う方法を考える

ストレスはなくすものではなく、うまく付き合っていくもの。そんなふうに考えてみましょう。ストレスを感じたときに、「ああ、ストレスがたまってる！なんとかしなくちゃ！」と焦らなくていいのです。「ああ。ストレスたまっているんだな。何か息抜きを考えようか」とちょっとのんびり考えてみましょう。いいストレス対処法が見つからないと、それ自体もストレスかもしれませんが……。

それも刺激。生きている証拠です。生きている実感をもって、いきいきとした人生へと変わっていく瞬間です。

だからと言って、たくさんのストレスを抱え込むのがよいことではないというのは、言うまでもありません。そうめんのめんつゆだって、あまりにもたくさんの薬味を入れたり、刺激物を入れすぎたらおいしく食べることはできません。ほどほどにしておくことが大切です。「むむ!? どうやら今私のめんつゆはものすごく辛くなってしまっているかもしれないなあ。ちょっと頑張りすぎているのかもしれないなあ」。そんなふうに思えるようになったら、きっと人生をものすごくおいしく食べることができる状態にあるでしょう。

ポイント

ストレスは悪いものばかりではありません。より充実した人生にするために生じているものであり、いきいきとした人生に変わっていく瞬間です。

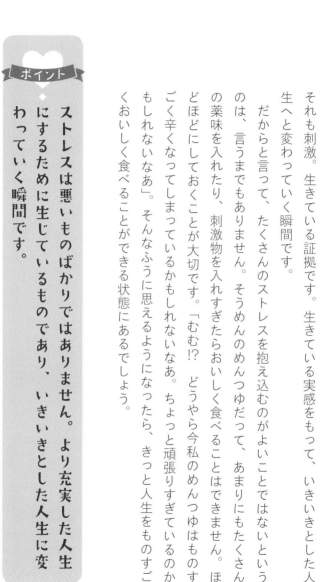

第6章

メゲないこころをもつ

視点
26

折れないこころをもつ

◆ストレスを感じているときは、こころに歪みが出ている状態

苦手なことに取り組もうという気持ちはすごく大切なことです。そしてすごく勇気のいることです。頑張ってやっているのになかなかうまくいかないことはありませんか。子どもを見ていると「せっかく頑張っているのに、なんでやめちゃうの?」とか「もうちょっとなのに……」と感じたことはありませんか。

こころが折れてしまって、あきらめてしまうこともありますが、できるだけ頑張ることができるこころや、メゲないこころを作るにはどうしたらよいのでしょうか。

私たちは日々ストレスを感じながら生活しています。ストレスは完全になくな

ることはないので、うまく付き合っていくことが大切です。ストレスはこころに何らかの圧力がかかり、歪みが出ている状態です。何度も練習しているのに、なかなか漢字を覚えられなかったり、逆上がりができないなどというときも、こころにストレスがかかって歪みが出ています。

下敷きを両方からギュッと折り曲げた状態を思い浮かべるとよいでしょう。そのまま曲げ続けていると、下敷きはいつかパキっと折れてしまいます。

こころも同じように、圧力がかかり続けたり、強い力が一気にかかるとポキっと折れてしまいます。折れないようにするには何が必要なのでしょうか。

◆精神的な回復力＝レジリエンス

こころには特別なエネルギーがあります。それは「レジリエンス」という精神的な回復力です。失敗すると誰でも精神的にダメージを受けます。失敗して悔しい気持ちや恥ずかしい気持ちから、もう二度とやりたくない気持ちになったりします。また、失敗したことだけでなく、他のことに対してもやる気がなくなってしまったり、新しいことに挑戦する気持ちが出てこなくなります。

レジリエンスは、その失敗した経験を糧にしながらこころの力を回復させてくれます。ボキッと折れそうになったときに、「大丈夫。もう一回だけ頑張ってやってみよう」とか「今日はお休みして、明日もう一回挑戦してみようか」と思えるのがレジリエンスの働きです。

レジリエンスを身につければ、折れにくいこころとなっていきますよ。折れにくいこころを作っていくことが、折れないこころを作る第一歩なのです。

ポイント

◆失敗した経験を糧にして「次も頑張ってみよう！」と思えるようになるためには、レジリエンスという力を身につけていくことが大切です。

視点 27

大切なのは「強さ」ではなく「しなやかさ」

◆努力し続けること、負けないこととは異なる

こころのエネルギーを回復してくれる力のことであるレジリエンスのことを話しました。レジリエンスは「柳のようなしなやかで折れないこころを作るためのもの」であるとか、「折れないしなやかさ」と言われます。いわゆる「何にも負けない強いこころ」であるタフネスとは少し違いがあります。では、「しなやかであること」と、「強いこと」はどのように違うのでしょうか。

こころが強いということは、「意志が強い」ことや「目標をもったらあきらめないこと」と同じようなニュアンスで使われます。一度決めたらできるようになるまで頑張り続けることですね。確かにこれはカッコいいことです。何度打ちの

めされても、また起き上がってさらに努力を続けることは、誰にでもできることではありません。でもやっぱり何度も失敗することは悔しいことだし、「自分はなんてダメな人間なんだろう」と感じてしまうかもしれません。それでも頑張ろうと思えることが、こころの強さのうちの一つです。

◆自分が耐えられるストレスの幅を広げる

しかし、どんなにこころを鍛えて強くしても、それ以上に強いストレスがかかってしまえばやっぱり折れてしまいます。大切なのはしなやかさ――レジリエンスなのです。忍者のようにひらりとかわしたり、うまく逃げたりしながら、折れ曲がってもちゃんと真っ直ぐな状態に戻ってこられるようにすることが、うまく生きていくコツなのです。教室を利用しているPくん（中学生）は手先の使い方がとても不器用であり、箸の使用やビーズ通しのような細かな作業を苦手としています。しかし、教室の活動で微細運動を取り入れたときでも、とても一生懸命取り組みます。他の子どもたちが素早くたくさん通しているのに、Pくんは完了するまでに時間がかかってしまうこともしばしばです。いくつか通すと、手が止まってしまうこともありました。そんなときにスタッフが「苦手なことにも挑戦できたね！　頑張ったね」とたくさんほめます。Ｐくんができたことに注目し、完了させることだけを目標とするわけではなく、子どもなりの努力を認め、逃げ道も残しています。Ｐくんは活動のあいだ、少し嫌そうな表情をすることもありましたが、「僕、頑張ったよ。明日、またやろうね」と話していました。嫌だけどちょっと取り組めること、うまくできないけどちょっとはうまくできることに注目しながら、自分が耐えられるストレスの幅を広げていけると、それはきっとレジリエンスが身についてきている証拠なのです。

ポイント

レジリエンスを高めるには、結果ではなく子どもが努力しているプロセスに注目し認めてあげる、周囲からの声掛けが大切です。

視点 28

前向きなこころをもつ

◆無意識的に「失敗するのではないか」という防衛が働く

子どもに毎日前向きにポジティブ思考で生活してほしいと思っていませんか。ちょっとしたことにもくよくよしないで、「また頑張ろう！」と力強く思えるようになってほしいと思うことはありませんか。今回はそんな前向きなこころについて考えてみましょう。

前向きになるということはなかなか難しいことです。人間は誰でも失敗する可能性があるということに意識が向きやすいものです。そういう機能がなければ、私たちは、危険なことにも気がつかずに行動してしまいます。失敗を避けることが必要なこともありますが、避けてばかりではいきいきした人生から遠ざかってしまうかもしれません。その「失敗するかもしれない」と心配になる気持ちをコントロールして前向きに取り組むコツは何でしょうか。

失敗しそうだなと思うときによくやってしまうことの一つに「セルフ・ハンディキャッピング」があります。テストの点数が悪かったらどうしようと思うと、「昨日テレビ見ちゃって宿題もできなかったよ」とか「お母さんの手伝いをしてて何も勉強できなかったよ」などと周囲の人に聞かれなくても言い訳をしてしまうことがありますよね。失敗が予想されるときに、実際に失敗する前に失敗したときの言い訳をすることが、セルフ・ハンディキャッピングです。これを行うと、知らないあいだに失敗する方向に無意識的に動かされてしまいます。「大事な場面で失敗する自分」というのを無意識の中に作り出してしまい、無意識的にそれに合わせようとしてしまうからです。

◆「成功する自分」を作り出すこともできる

このセルフ・ハンディキャッピングには、いいところもあります。「昨日はできなかったかもしれないけど、毎日計算練習をしたから大丈夫！」「一〇〇点とっちゃうかもしれないよ！」と成功したイメージを口に出して言うことで、無意識的に成功する自分が作り出せます。そうするとそれに合わせて動こうとするため、成功しやすくなります。親が「大丈夫、できるって一緒に言ってみようよ」と声をかけて、一緒によいイメージを共有してみたらどうでしょうか。

こころの状態もポジティブになり、「失敗しても大丈夫」とか「頑張ったから失敗してもたかがしれている」と思いやすくなります。失敗のセルフ・ハンディキャッピングではなく、成功のセルフ・ハンディキャッピングをたくさん使って、実際にうまくできることが増えるとよいですね。

ポイント

◆セルフ・ハンディキャッピングのよいところを活用して、「できる自分」のイメージが子どもの中にもてるように、イメージを共有してみましょう。

視点
29

棚上げするこころをもつ

◆努力によって伸び続ける時期もあれば、スランプの時期もある

頑張ることがいつでもよいというわけではありません。なぜできないのかについて考えることも含めて、今は少しやめておくこと、あとからまた挑戦することにして、いったんお休みにすることについて考えてみましょう。

いくらしなやかで折れないこころをもっていても、やっぱり嫌になってしまうことはあります。何度やってもできるようにならないこともあるし、自分なりにいっぱい練習しても周りより下手に見えてしまうこともあります。そんなときはいったんお休みにしてみませんか。心理学の中に「高原効果」というものがあります。頑張って続けていても伸び悩む、スランプの時期のことです。この高原効

果のときに、今までのやり方を見直してやり方を工夫したり、あきらめずに努力を続けたりすることも大切です。しかし、頑張りすぎて、こころと頭が疲れてしまうことも事実です。疲れているなら無理をしないで休憩をすることが必要です。「レミニセンス現象」というのが起こるかもしれないからです。つまり、少し休んでいるあいだに、こころや頭の中が整理されて、今までよりもうまくできるようになることがあるのです。

◆「休憩」は脳を休ませるだけでなく、練習成果を引き出すことも

子どもの頃、毎日毎日、補助輪なしで自転車に乗る練習をしていてもなかなかうまくできなくて、「もうやめた!」と思って数日お休みしたあとに乗ってみるとスイスイと乗れるようになった方がいるかもしれません。また、毎日計算練習をしていてもやっぱりいつも繰り下がりの引き算で間違えてしまうのに、数時間休憩してから考えたらできたという経験がある方がいるかもしれません。休憩することで、脳が休まりひらめきが生まれたり、直後よりもしばらく時間を置いた

ほうが上手にできたりするというレミニセンス現象が起こることがあります。

休憩することは、あきらめてしまうことと同じように勇気がいることです。もっとできなくなってしまうのではないか、もっと練習しないとダメなのではないか。必ずしもそうではありません。しなやかというのは状況に応じて適度に対応していくことです。休憩は悪いことではありません。ゆっくり休んで、また明日ちょっとだけ頑張ってみるというのも方法です。休むことでもレジリエンスは身についていきます。「今日は頑張る日」「今日はお休みの日」と調整できるようになったらいいですね。

ポイント

休むのは勇気がいることかもしれませんが、休むことができると練習の成果を引き出したりレジリエンスを高めたりする場合があります。

視点 30

サポートによって育てられる

◆レジリエンスを高めるために周囲のサポートは欠かせない

ここまで、レジリエンスについて考えてきました。しなやかで折れないこころが作れるのであればすごく幸せなことですよね。どうやったらこのようなこころが作れるのでしょうか。

大事なのは親を含めて、周りの人からたくさんサポートを受けることです。一人でやれることには限界があります。どうしてもうまくいかなくてイライラすることもあると思います。教室を利用しているQくん（中学生）は、何かに挑戦することは大好きですが、失敗するとなかなか立ち直れないところがあります。怒ったり暴れたりするのではなく、「もうやんない」と頑なになって体育座りのまま動けなくなってしまいます。

そこでスタッフは、Qくんが失敗と感じている場面をうまく活用することにしました。本人が失敗と思っていても、そうではないところを見つけました。みんなで大きな作品を作ったときに、折り紙をピシっと折れなくても、上手に貼れたときには「のりの使い方、上手になったね」と声をかけました。

また、それ以外の場面でも、うまくできたことについてはほめたり、できなかったことについてもやろうとした努力を認める声掛けを続けました。挑戦したい気持ちについては励ましたりほめたりしながら、うまくいかないときには、一緒にうまくいく方法を考えるようにしています。

◆頑張りを見てくれているという実感が、レジリエンスを育てる

繰り返し続けていくうちに、だんだんとQくんのレジリエンスも育ってきたと感じます。誰かが見ていてくれるから頑張れるという気持ちになったり、「もう一回頑張るよ！」と力強い発言が増えていきました。ときには嫌になって「もう

やんない」という言葉が出てくることもありますが、こころが折れて動けなくなってしまうことは確実に減っていきました。

子どもは誰かが見ていてくれると思うと、頑張ったり挑戦したりしたくなります。最初は親や周りの人のサポートを、自分を支えるものとして利用していても、少しずつ子ども自身の中にレジリエンスが育っていきます。そっと見守っていてくれるあたたかい環境の中でレジリエンスは育っていくのですね。

ポイント

◆レジリエンスを育てるためには、周囲の人からほめられたり励まされたりするなど、自分の頑張りを見てくれていると感じられるような周囲からのサポートが大切です。

第7章

思春期特有の問題について考える

視点 31

思春期という時期

◆子どもの心身に変化が見られる

思春期になると、個人差もありますが、身体的・精神的にさまざまな変化が起こります。身体的な変化は、男の子では声変わりし、たくましい体格になります。女の子では初潮が始まり、丸みを帯びた体つきになります。いわゆる第二次性徴を迎えます。そういった身体的な変化から、自分の身体に関心をもったり、違和感を抱く子どももいます。

精神的な変化は、身体的な変化よりも個人差が大きいですが、自分の考えをもつようになり、これまでは家族に何でも話してくれていたのが話さなくなったり、親からの干渉を嫌がったりと、いわゆる反抗期を迎える場合もあります。また、自分がどのように見られているのかに敏感になる子もいます。

教室を小学生のときから利用している子どもたちを見ていると、中学生になると、それまでに起こっていた問題とは質の異なるものが現れているように感じることがあります。たとえば、それまでは何か予測できないことが起こると、パニックになり暴れてしまっていた子どもは、暴れることがなくなる一方で、髪の毛を抜くという行為が見られるようになりました。思春期に入って、パニックや不安はある程度コントロールできるようになりますが、悩みや困りごとを周囲には言わずに抱えたままでいたり、口にしても自分を否定するように言うことがあります。

◆他の子どもにも起こりうる変化であることを理解する

「これまで親子で一緒に頑張ってきたのに、思春期に入って子どもに離れられてしまい、どのようにかかわっていったらいいのかわからない」というお悩みを教室を利用している親御さんからうかがうこともあります。そのようなお悩みに対して、私たちはその変化が子どもの成長によるものであり、個人差もあるけれども、誰にでも起こることだと伝えています。他の子どもにも起こるということを聞いて、ご自身の思春期の頃を思い出し、「そういえば……」と安心される方もいらっしゃいます。

思春期とは、大人になるための人生における一つの危機であり、悩み多き時期でもあります。子どもの変化に慌てることなく向き合い、その変化を受け止めて、子どもが安心して過ごすことのできる居場所を家の中で作ることが、安心して変化していくためにも大切だと考えます。

ポイント

◆思春期の変化は子どもの成長によるものであることを理解し、慌てずに子どもが安心して変化できる居場所作りをしましょう。

視点

32 メンタルヘルス

◆二次障がいとは

思春期になると第二次性徴が起こり、自分の心身に起こる変化にとまどい、混乱することが多くなります。また、その変化自体に対しての抵抗感も強く、精神的に不安定になることもあります。障がいの有無にかかわらず、一般的に思春期になると、抑うつ的になったりとメンタルヘルス上の問題が引き起こされやすくなるとされています。

発達障がいがある子どもの場合、友人関係を築くことの難しさから「自分が他の人と違っているのではないか」という感情を抱きやすくなります。そのため、「社会の中でうまくやっていけないのではないか」と不安になることも多いでしょう。

発達障がいの子どもたちは、生まれつきの脳の機能障がいから生じる社会性の問題や行動上の問題を抱えています。思春期に起こる心身や環境の変化、ストレスによって、さまざまな反応を引き起こします。

たとえば、こだわりが強くなったり、眠れなくなったり、不登校や暴力行為が起こることがあります。これらの問題は発達障がいによる行動上の問題ではなく、周囲の無理解や不適切な対応による場合もあります。これを二次障がいと呼びます。

◆二次障がいへの対応

二次障がいは、子どもがその混乱した気持ちを社会的に適切な表現で伝える方法を知らないことが背景にあります。そのため、子どもの抱えている感情を伝え返して、共感することが大切です。その不適切な言動に慌てることなく、話しやすいような態度をとっていくことが望ましいでしょう。

また、発達障がいの子どもは「相談する」ということが、よくわからないことが多いようです。「相談」とは、自分の置かれている状況や気持ちをある程度「理解」し、どこまで対応できるかを「判断」し、もし難しい場合には、適切な表現で誰かに「伝える」という複雑なスキルです。そのため、それぞれのスキルを伸ばしていくことが大切になります。

順序立てて話したり、気持ちを表現することが得意ではないため、なかなかうまく話すことができないこともあるでしょう。まずは話を否定せずに耳を傾け、相談してよかったと思ってもらえることが大切だと考えます。

ポイント

◆思春期のメンタルヘルス上の問題を予防・対応するためには、子どもが相談しやすい関係性・環境はどのようなものかを考え、見直してみましょう。

視点
33
性について

◆性への関心が高まる

思春期には第二次性徴による身体的な変化により、性への関心が高まります。それに伴って性に関する問題が起こる場合があります。発達障がいがある子どもの場合、悪意がなくても社会的に不適切な行動が見られることもしばしばあります。

たとえば、好きな子と仲良くなる方法がわからないため、その子をジロジロ見たり、あとをつけてしまう、好きという感情表現として抱きついてしまう、公の場で性器を触ってしまうなどの行動が見られるといったご相談を、教室を利用している親御さんから受けることもあります。

特に、自閉症スペクトラムにおける社会性やコミュニケーションの未熟さなどの特性が、その場にふさわしくないふるまいをさせてしまうことが背景にあります。

また、日本は性についてオープンにしない文化のため、自閉症スペクトラムの子どもたちにとってはわかりにくく、周囲も指摘しにくい状況というのも要因としてあります。

◆生活年齢にふさわしいふるまいを学ぶ

特別支援学級や特別支援学校でも、性に関する教育は行われています。しかし、一斉授業ではその限界もあるといった声を聞くこともあります。そのため、個人の理解度に合わせて、丁寧で具体的に伝えることが大切だと思います。

また、性的なものについて「この年齢なら理解しているだろう」という周囲の判断と、「実際の子どもの理解」とのズレが、子どもの行動を問題行動としてとらえることにも関連しています。このズレを埋めるために、教育・指導していく必要があります。そのため、精神年齢ではなく生活年齢に基づいた指導が必要だと考えます。

たとえば、精神年齢が一〇歳であっても、生活年齢が一五歳ならば、一五歳の男性／女性として対応していくことになります。

異性に恋愛感情を抱くことや、性的な欲求をもつことを肯定したうえで、恋愛感情を相手に伝える際のマナーやルール、そして性的な欲求を他者に迷惑をかけずに解消させる方法を教えていくことが大切です。

ポイント

◆性的なものへの高まりを否定しないで自然なものとして受け止めて、精神年齢ではなく、生活年齢に基づいた教育・指導を行うことが大切です。

視点 34

友達作り

◆思春期の友人関係は類似性や共通性を重視する

思春期の子どもたちにとって、最も関心があり、また難しさもあるのが友人関係です。小学生から中学生になると、クラスだけでなく、部活や委員会活動、学習塾などによって、子どもたちの世界はさらに広がりと複雑さを見せます。

精神科医のサリヴァンは、思春期に同性の友人との親密な関係（チャムシップ）をもつことの重要性を指摘しました。そのような友人関係を通して自分自身を見つめることは、自己理解や自己形成に重要であると考えました。思春期の子どもにとって、大切な他者との親密な関係は心理的な充足だけでなく、自己形成にもつながっていきます。

その一方で思春期の友人関係は、興味や関心を共有することから結び付いていて、お互いの類似性や共通性を重視し、仲間グループへの同調傾向が強いことが特徴です。そのため、異質な者を強く意識し、排除する傾向があります。その際に、発達障がいがある子どもが異質な者として、グループから排除されることが起こりえます。友達が欲しいと思うほど、現実の友人関係における難しさはより強く感じられます。

◆親に相談しにくい思春期の気持ち

思春期になると親に相談できないことが多くあります。その理由として、親に自分の気持ちを話すことへの抵抗感や、親の言うことは聞きたくないという気持ちといった思春期ならではの心理があります。

目の届かないところで行われる友人関係のやりとりや、本人の気持ちについては親が把握できないこともあります。

そのため、思春期では、それ以前と比べて、同年代のグループの中で活動し、信頼できる親以外の第三者が近くにいることが大きな意味をもつでしょう。同世代の集団の中で活動することによって、その子にどんなつまずきがあるのかが把握しやすくなります。

その第三者とは、信頼のおける学校の先生や福祉サービスの指導員、もしかしたらきょうだいもあげられるでしょう。信頼できる第三者がいることによって、親には話しにくい友人関係のことや自分自身のことを相談できるかもしれません。それを察知して適切なサポートをすることも、その人の重要な役割だと考えます。親に相談できない時期だからこそ、第三者の存在は大きいと思います。

ポイント

◆思春期の子どもにとって、友人関係の悩みは親に相談しにくいこともあります。信頼できる第三者の力を借りることで、そのつまずきに対するサポートが得られる可能性があります。

視点

35 進路について

◆自分の能力や適性を理解して、将来の方向性を見つけていく

思春期の時期である中学生時代において、重要なことは進路を決めていくことだと考えます。小さい頃のように「ヒーローになりたい」「プリキュアになりたい」といった実現が難しい夢から、自分の能力や適性を理解して、自分の将来の方向性を見つけていくことになります。

しかし、発達障がいがある子どもの場合、世の中にはどんな仕事があるのか、自分の能力や特性とどのくらい適合しているのかなどについて、多くの情報の中から客観的かつ総合的に考えるのが難しい場合があります。障がいの有無にかかわらず、人にはそれぞれ特性があり、得意・不得意があり、自分に合った仕事や

役割を選んでいくようになります。その仕事や役割を見つけることができるように、かかわる大人たちがサポートしていくことが大切だと考えます。

◈将来の生活を想像する

教室を利用している親御さんと話をしていると、学習や行動上の問題だけでなく、進学先や就労先などの将来への不安についてうかがうことがよくあります。その不安を軽減するためには、進学・就労までのイメージやビジョンをしっかりもっていただくことが大切だと考えます。どういう学校や仕事があるのか、そこに通うあるいはそれに就くためには、どのような能力が必要で、いつからどのような準備を重ねていくのか、そのためには誰のサポートが必要になるかを明確にしていくことが重要です。

また、将来となると進学や就職ということをまず考えがちではありますが、子ども自身の生活の幅という意味で広く考えることも大切です。洗濯、掃除、調理などの家事のできる範囲や、外出はどの程度の範囲まで一人でできて外出時の危険認識などがどの程度できているのかなど、一人でできる範囲により学校生活や仕事以外のプライベートの時間の過ごし方が大きく変わってくることになります。計画を立てて、適切な目標を設定し、それに向けて適切なサポートを行っていく。この流れは学校における個別の教育支援計画や、福祉サービスにおける個別支援計画と同様です。そのため、学校や利用しているサービスの中に組み込んだり、新たに活用したりすることで一貫したサポートとしていくことが大切です。

ポイント

◆子どもが成長したときの生活を具体的にイメージし、それを実現するにはどの時期にどんな準備が必要なのかさかのぼって考えてみましょう。

第8章

子ども自身が今後について考える

視点 36

子ども自身が「なりたい自分」を思い描く

◆「苦手」から自分と周囲との違いに気づきやすい

「子どもを育てる」というだけでも大変ですが、発達障がいがある子どもを育てることは本当に大変なことです。夢中であわただしく、精いっぱい子どもと向き合いながら過ぎていく毎日の中でも、やはり今後のことを考える瞬間というのはあるでしょう。小学校三〜四年生を過ぎてくると、自分はどうやら周りの子と「何か違う」ということに気づき始める子どももいます。

たとえば、療育や通級に通っていることに「どうして僕だけ行かないといけないの?」と聞いてきたり、支援級に在籍し普通級とクラスが違うことにも「どうして普通級の友達と遊べないの?」と聞いてきたりするなど、疑問をもち始める子どもがいます。子ども自身、自分に苦手があることを理解し始めているのでしょう。他の人と違うところは「苦手な部分」なので、どうしてもそこをクローズアップしがちになりますよね。それは、周りの大人もそうですが、子ども自身もそうなのだと思います。

◆周囲との違いの気づきは、自己理解を深めるチャンス

子どもから「どうして?」とマイナスな疑問をぶつけられると、親としても切ないような悲しいような気持ちが湧いてきてしまうでしょう。しかし、それは喜ばしいことでもあるのです。子どもが自己理解を深めているということを意味しています。自分の苦手さに自覚がもてるようになると、療育での取り組みなども、それまでとは変わってくるかもしれませんし、今後についても本人とともに考えていく第一歩となるはずです。

子どもから「どうして自分は違うの?」という疑問が出てきたら、むしろそのときはチャンスと思って接してみてはいかがでしょうか。子どもの疑問と不安に

寄り添ってから、本人の苦手を共有し、それから「できていること」を伝えてあげましょう。

子どもができることは必ずあるので、もし親としても「自分には見つけられない……」と思ったら、療育の支援者や学校の先生などにフィードバックをもらって、「そのとき」に備えておくのもいいかもしれません。

そして、そのできることから「なりたい自分」を子どもと一緒に思い描いてみてくださいね。

ポイント

◆「周囲との違い」を子どもから問われると、親としてどう答えるか悩ましいところもありますが、子どもが自分を理解するためのチャンスととらえて伝え方を考えましょう。

視点

37

なりたい自分になれる方法を考える

◆スムーズに自己理解が進むとは限らない

今後について考えるとき、なりたい自分を思い描けるようになることが望ましいのです。そのためには、子どもの「できること」からイメージを進めることができればと思います。

しかし、誰もが自己理解をスムーズに進めていけるわけではないし、自分の能力とは別のところでなりたい自分があるのなら、それはそれで素敵なことです。考えてみれば、子どものときの将来の夢って本来はそういうものだったはずだと思います。

できないことが多くて将来の夢がもてないというよりは、サッカー選手でもパティシエでも芸能人でも電車の運転士でも、なりたい自分がイメージできるという気持ちそのものは大切にできればと思います。

◆子どもが思い描けるものをもとに、一つひとつの能力に落とし込む

たとえ夢物語でも、なりたい自分を子どもが思い描けるなら、なれる方法を一緒に考えてみましょう。

「もう、何言ってんの。無理に決まってる……」と、親なら誰もが思うかもしれませんし、毎日の大変さに振りまわされていると、「正直付き合ってられない……」という気持ちにもなることもあるでしょう。そういうときは無理をしなくてOKです。

でも、親として余裕をもてるときに、子どもと一緒に取り組んでみてくださいね。

「はー、体育の授業も全然できないのにサッカー選手?」と思っても、そこは否定せず、サッカー選手になるには、どうしたらいいのかな、何が必要かなとい

う具合に始めて、「靴！」「スタジアム！」という答えが返ってきても、根気よく「選手はどういう人？」「足は速いほうがいいのかな？」と、一つひとつの能力に落とし込んでみましょう。カードに書き出してみてもいいかもしれません。

これらを一気にやる必要はないのです。作業を進めていくうちに、子ども自身が「苦手な作業が入ってるな」と気づいたり、それでもあきらめないで頑張ろうと思うかもしれません。その繰り返しが自己理解につながっていくのだと思います。

ポイント

◆自己理解への導入は、子どもの「できること」なのか、子どもが「思い描ける夢」なのか、子どもによって異なりますので、子ども自身が「考えることができるもの」を見つけましょう。

視点
38

なりたい自分になれないときに

◆最初は「なりたい自分」と「なれる自分」が一致していなくて当然

なりたい自分がイメージできても、それにはなれないと気づくタイミングがおとずれることもあります。「なりたい自分」と「なれる自分」が最初から一致していることは、大人である私たちが我が身を振り返ってみても、そう多くはないのではないでしょうか。

ましてや、それが子どもならなおさらでしょう。こんなふうになりたいという希望をもつことは、子ども自身が可能性をいっぱいに広げているので、夢を見ているよい状態にあるということでもありますよね。

ですから、今後を考えるというテーマの中でも、その夢をむやみにあきらめさせるのではなく、それはそれとして大事にしながら、現実と折り合いをつけていけるのが理想です。

これこそ、「言うは易し行うは難し」。じゃあ、どうすればよいのでしょう。

◆子ども自身が「できる自分」と感じる

たとえば、足も速くないし、ボールを扱う運動も苦手。自分はサッカー選手にはなれないということに気づいてガッカリしたRくん（小学校高学年）。

では、Rくんはどうしてサッカー選手になりたいと思っていたのか、そこに立ち返ってみましょう。Rくんは、サッカーの試合を見るのが好き。チームの選手の名前、年齢、ポジション、得意技、歴代の監督、試合のデータなど、いろいろな情報を記憶しています。

サッカー選手に欠かせない運動面は苦手としているものの、サッカーに関するさまざまな情報の記憶は得意としています。大切なのは、「できる自分」を感じてもらうこと。子どもたちは苦手を理解するようになると、「できない自分」を意識することも多くなるでしょう。もしくは、それ以前から思う通りにできないという自分をもて余しているかもしれません。

だからこそ、できる自分を経験して味わってもらいたいと思います。そして、本当に小さなことからでもいいのです。Rくんの場合、サッカー選手になることは難しくても、サッカーを介して親友と呼べるような仲のよい友達ができました。サッカー選手になれないからすべてが無意味というわけではなく、サッカーという共通の話題でコミュニケーションスキルの向上につながりました。「なりたい自分になれない」と思っても見方を変えると、どこか活かすことができる要素が隠れているはずです。

ポイント

小さなことでも「できる自分」を経験できるように促すことで、「なりたい自分」と「なれる自分」を近づけていきましょう。

視点

39

自己実現とは？

◆自己実現は、子どもがもっている力を発揮すること

自己実現という言葉そのものはいろいろなところで使われていますし、漢字からも意味を想像しやすいのではないかと思います。ワクワクするような反面、かなわない理想に恐れを抱くような、そんなイメージがあるかもしれません。

もともとは心理学から出てきた言葉で、カウンセリングの創始者と呼べるような存在でもあるカール・ロジャーズが定義づけたことで知られています。ロジャーズは、その人がもっている力を十分に発揮して生きることを自己実現の状態と表現し、人間は自己実現に向かう生き物であると考えました。その後にマズローが欲求の五段階説という考え方を発表し、その一番上の階層にある欲求が

〈マズローの欲求階層説〉

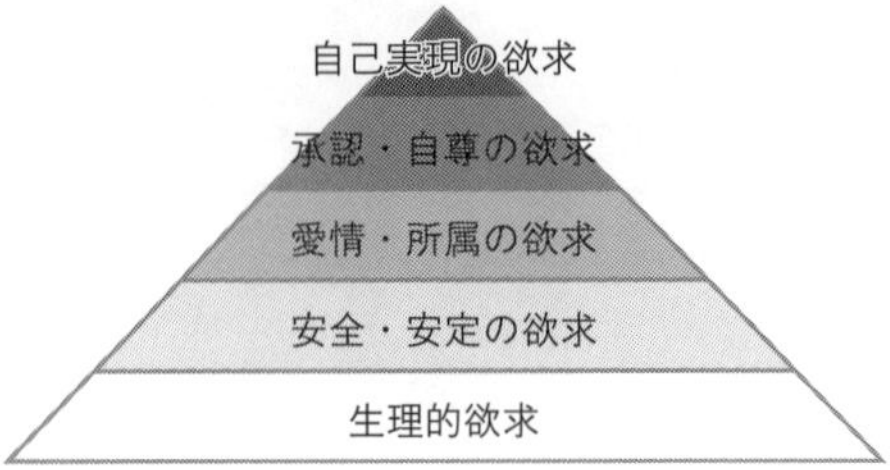

(Maslow, 1970)

「自己実現の欲求」であるとしたのです。ピラミッド状になっている五段階の欲求の図をどこかで見たことがあるかもしれませんね。

◆子どもの自己実現と同時に、親自身も自己実現を

生理的欲求↓安全・安定の欲求↓愛情・所属の欲求↓承認・自尊の欲求↓自己実現の欲求と、順番に達成していく欲求となります。何をもって自己実現とするのか、それは人によって異なります。

しかし、下の四つの欲求の達成の上には、必ず自己実現の欲求があるのです。それは、障がいの有無にかかわらず、考えるべきことですし、子ども自身が主体となって考えていくことができれば素晴らしいと思います。

自己実現と言うと少し難しく考えてしまうかもしれませんが、

子どもが自分らしく生きられるようになること、それこそが自己実現だと思います。

親は子ども中心になりやすく、親としてではなく自分として何をしたいのか、どうなりたいのかを考える機会が少ないのではないでしょうか。子どもが「こうなりたい」という自分の自己実現を考えられるように促すことと同時に、親自身も一人の人としてどうなりたいか、何をやりたいのかといった自己実現に向けて考えていくことが大切です。

ポイント

◆自己実現は、理想ではなくその人が自分自身を生きることです。誰にでも達成するチャンスはあります。親子で一緒に考える機会を作ってみましょう。

視点
40
自分らしく生きる

◆発達障がいの凸凹が個性と受け入れられるかは環境による

自己実現についてお話ししましたが、自分らしく生きるというのはどういうことなのでしょうか。自分らしいとかあなたらしいとか、この子らしいとか……。「らしさ」ほど曖昧なものはないのかもしれませんね。

その人らしさというのは、一つには個性であると言い換えることができると思います。

最近は発達障がいという言葉も多くの人の耳に届くようになり、「発達障がいは個性だ」という理解も広まってきているように感じますが、そんなキレイごとではすまされないという感覚をもっている親御さんも多いのではないでしょうか。

発達障がいは脳機能に要因があると言われており、能力の差に凸凹がある状態です。確かに個性的な子であると言えるのかもしれませんが、障がいを個性として受け止められるかは、場によっても変わってくると思います。

幼稚園・保育園や学校の中などで理解者の多い環境であれば、子どももなじみやすいかもしれません。それまではうまくいっていたとしても、高校に進学したときや、大学に入って授業についていけなくなったとか、就職後など、いろいろな変化がやってきます。

そんなときも「らしさ」を失わずに進んでいってほしい。ひとくちに発達障がいと言っても、どこが凸凹しているのかは、子どもによって本当にそれぞれ違います。だからこそ、発達障がいは個性だとも言えるのです。

◆「苦手」でも「できない」わけではない

親や支援者である身近な大人たちが忘れたくないのは、その個性は本人の困りごとと隣り合わせであるということです。「あれ？　何か変だな」「どうしてうまくいかないんだろう」と思って、誰よりも困っているのは子ども本人なのです。

そしてもう一つ忘れたくないことがあります。それは「あきらめない」ということです。苦手があっても、できないわけではないことが非常に多いからです。こう伝えれば理解できるとか、このやり方ならできそうとか、本人が困っていたら、そこに気づいてあげたいですね。

教室で子どもたちを見ていてうれしさを感じることの一つは、本人がどんどん自分を発見していって、成長していく姿を見せてくれることです。自己実現を体感していきいきしている様子というのは、本当にこちらが励まされるものです。

ポイント

◆「自分らしく」いられるかどうかは、環境に左右されます。発達障がいによる凸凹の、凹の部分は「どうしたら補えるか」と考えておくことが大切です。

第9章

仕事について考える

視点 41

まずは家庭で役割をもつ

◆就労の準備を始める時期は早すぎることはない

将来うちの子はどんな仕事をするようになるのだろう。働くことはできるのだろうか。ふとそんな思いが頭をよぎることもあると思います。

「就労についてはまだ先のこと」と、いったん置いておくのも一つの方法ではありますが、働く未来を見据えて、早いうちから家庭でできることも、実はいろいろあるのです。

就労についての準備は早すぎてマイナスになるということはありません。家庭や療育の中で子どもができる作業を増やしていくと、将来それを生かした仕事もイメージしやすくなるのではないでしょうか。

そして、なにより子ども自身も「できる自分」を感じる機会が増えると、日々の生活がますますいきいきしたものになっていくはずです。

◆家庭の中でお手伝いの役割をもつ

日常の家事の中で、子どもにできそうな作業はあるでしょうか。食事の前にテーブルをふく、食器を並べる、盛り付けをする、食器を下げる、洗い物をする、洗ったあとの食器をふく、洗濯物をたたむ、お風呂を洗う、掃除機をかける……。食事を例に考えると、小さい頃には「テーブルをふく」ことを子どもに頼むことが多いでしょう。年齢があがるにつれて、配膳や盛り付けなど少しずつ高度なものに変更していくことでしょう。そして、それは「あなたの係」と子どもの役割にできるとよいでしょう。

決まった順序の中で、テーブルをふくタイミングと作業そのものを覚え、それができるようになったら食器を並べるというように、年齢や子どもの成長度合いに合わせて、役割を増やしたり難しいものにステップアップしていったりしてみましょう。

子どもが役割を全うする中で、丁寧にふいているとか、盛り付けがキレイとか、洗濯物をピシッとたためるとか、得意な作業が見えてくるかもしれません。それらの一つひとつが将来の仕事につながる強みになっていくかもしれないのです。

そして、大事なことは役割を果たしてくれたときに、しっかりと認めてあげることです。「やって当たり前」ではなく、「やってくれてありがとう」「してくれるから助かる」などと親子でお互いに言い合える環境になるといいですね。

ポイント

◆家の中で役割をもつことは、仕事をする前段階の役割意識を高めることにつながります。何を子どもに任せるのかは、子どもの年齢や成長度合いに合わせて変えていきましょう。

視点 42

仕事や職業に興味をもつ

◆早い時期で将来を決める必要はないが、イメージをもつことは大切

最近は小学校や中学校でもキャリア教育が取り入れられるようになり、自分の未来や仕事について考えたり、いわゆる「ライフキャリア」をイメージする機会が多くなっているように思います。

早い時期から自分の将来について考えたり見通しをもったりすることは、よいこともありますが、子どもの頃から将来を決める必要はないですし、その子ども一人ひとりによって、ふさわしいタイミングというのは違ってくるのではないでしょうか。

だから、「うちの子は……」とむやみに心配する必要はありません。なんとな

く頭の片隅に置いておいて、時期が来たら行動に移す――それくらいの心構えで大丈夫です。

子どもがその気にならないし、親である自分だけでも何かできることはないかしらと思ったら、次のようなやり方を試してみてはいかがでしょうか。

◆日々の生活の中で仕事や職業につながる作業を探す

家庭の中でのお手伝いや学校生活などの中で、子どもの「できる作業」を見つけたら、まずは、その能力を伸ばしたり、新たなできる作業を増やしてみましょう。

子どもが家で行っている作業の中で、仕事につながりそうなものがあるかもしれません。たとえば、ごはんの前のテーブルふきだって、飲食店のホールスタッフの仕事の一つですよね。介護施設や社員食堂のようなところでも同じ作業はあるでしょう。「でも、仕事となるとそれだけじゃないし、注文を取ったり、料理をトレーで運んでサービスしたりというのは無理そう……」と、すぐにあきらめることはありません。お水を出す、食器を下げる、「いらっしゃいませ」「ありがとうございました」というお客様のお迎えとお見送りなど部分的にできることはあるでしょう。

また、機械系のオモチャやスマートフォンの操作が得意そうなら、パソコン操作に長けているかもしれないですよね。そうすると、事務仕事も視野に入ってくるでしょう。

これをコツコツと繰り返していくだけでも、子どもは自然と仕事や職業に興味をもち、自分の仕事についても考えるようになると思います。まさにキャリア教育です。

ポイント

◆日常の中で取り組んでいる作業が、将来の仕事とつながる場合もあります。さまざまな情報を収集しながら、子どもの「できる作業」と結び付くものはないか探してみましょう。

視点
43

やりたいこと、できること、すべきことを考える

◆「Will・Can・Must」で、現在の課題や状況を整理

いわゆる「Will・Can・Must」の考え方のことですが、いろいろな人がいろいろなところで伝えているので、どこかで耳にしたことがある方もいるかもしれませんね。

「Will→やりたいこと」「Can→できること」「Must→すべきこと」というふうにとらえて、今の状況を考えてみると、今やるべきことが見えてきたり、現状の混乱状態が少し整理されたりと、課題を客観的に把握することができます。

やり方は次のようなものがおすすめです。

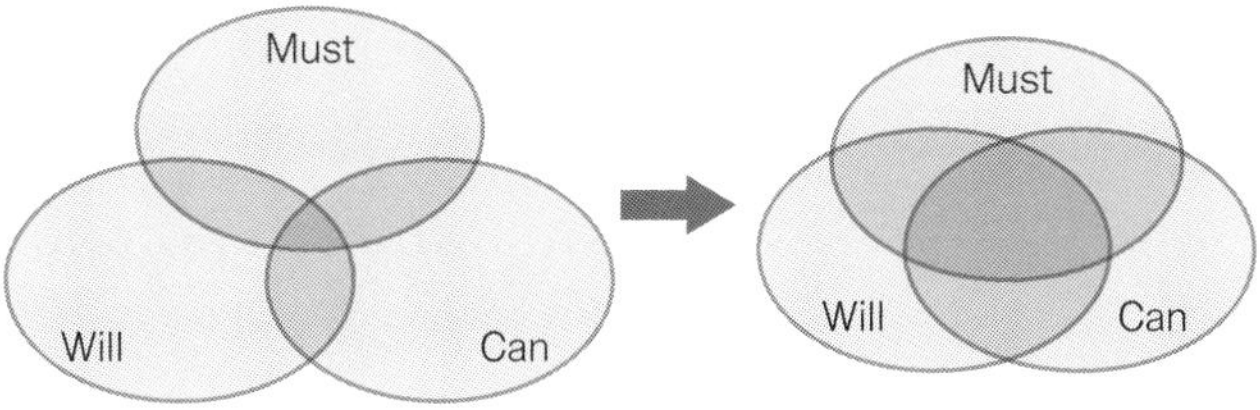

◆やりたいこと・できること・すべきことのワーク

1 A4サイズ程度の白い紙を用意する。
2 図のような三つの輪を大きく描く。
3 ふせんを用意する。
4 ふせんに思いつく事柄を書いていく（まだ分類しない）。
5 記入済みのふせんを三つの輪の中に貼り付けていく。
6 少し目線を離して紙を眺める。
7 しっくりこない位置のふせんを移動する。

このワークは、子どもの仕事そのものについて試してみてもいいし、親が子どもの仕事について考えることというパターンでチャレンジしてもいいと思います。また、子ども自身が一緒に考えられる年齢に達していたり、落ち着きや理解力を身につけたりしている場合は、ぜひ親子でワークを楽しんでみてくださいね。

三つの輪のあいだを行ったり来たりして、しっくりくる場所がなかなか見つからない事柄もあるかもしれませんが、このワークの目的はすべてのふせんをピッタリくる場所に貼り付けることではありません。そうして、じっくり考える作業そのものに意味があります。

図にあるように、三つの輪がたくさん重なってくると、モチベーションややりがいなどが高まってくるとも言われています。

ポイント

◆「やりたいこと」「できること」「すべきこと」に分けて考えると、客観的に現在の状況を整理することができます。親子で楽しみながらワークに取り組んでみましょう。

視点 44

職業＝人生ではない

◆職業の意味を考える

自分の子どもは将来どんな仕事をするようになるのか。考え始めると思いは尽きませんね。楽しく想像できることもあれば、やっぱり不安に思うこともあるでしょう。

ここでは、「職業ってなんだろう」という根本的なことについて考えてみたいと思います。発達障がいがあろうとなかろうと、社会に出る前に、もしくは社会人となってからも、一度は誰もが頭に描く問いなのかもしれません。

お金を稼ぐこと、社会の中で役割をもつこと、社会参加や社会貢献といったあり方もありますね。その人なりの、何らかのやりがいを求める方もいるでしょう。

このようなことが職業の意味ととらえられているのではないでしょうか。

それゆえに、社会人になってからの職業が占める人生の度合いは、非常に大きいと考えられます。だからこそ不安になるし、恐れのようなものすら感じてしまうのかもしれません。

就労支援の現場でも、発達障がいがある人たちは「これで人生が決まる!」と強く思い込んでいて、尻込みしたり選り好みしたりということも実は多いようです。また、やみくもに就職やアルバイトを決めてしまい、勤務先で嫌な目にあうといった経験を積み重ねてしまうということもあります。

◆職業＝人生ではない

職業や仕事に就くということは人生において、とても大事なことだけれど、それが人生のすべてではありません。やりたいことがあっても、それが必ずしも仕事としてできる場合ばかりではありません。

仕事は別の視点で選択し、本当にやりたいことはボランティアとして経験する機会を設定したり、趣味として自由に取り組んだりするという、生活全体で考えることが必要な場合もあります。思い通りにいかないことが多いかもしれませんが、一つひとつ積み重ねてステップアップしていくことはできます。

ずっと、考え込んだり恐れたりして動かずにいるよりは、踏み出せる一歩から前に進んで、仕事を達成した喜びなどを感じる経験をしてほしいと思います。働くって大変だけど、うれしかったり楽しかったり、いいこともたくさんあるはずです。

ポイント

◆発達障がいの特性から「こうでなければならない」と思い込みで考えてしまう子どももいます。考え方の幅を広げるサポートをすることが大切です。

視点
45
最終決定は子ども自身で

◆子どもに応じた自己決定の方法を考える

親や支援者ができることって何なのでしょう。日々の生活や子育ての中で、親は親としてのかかわりを、療育や相談などの場面で、支援者は支援者としてのかかわりをしていきます。

それぞれに役割が異なり、親は支援者である必要はありませんし、また、支援者は親ではありません。

それは当たり前のことなのですが、一つ共通することがあるとすれば、最後の決定は本人がするということでしょうか。「自己決定」の大切さは言葉を尽くしても言い表せないくらい重要なことだと思います。本当にとても大切なことなのです。なぜなら、親や支援者である周りの人間がすべておぜん立てをして、そこを一緒に手を引いて歩いているだけでは、子どもは自分の力で自分の人生を生きていることにはならないからです。

年齢や障がいの程度によって、自己決定の方法は変わってくると思います。たとえば、働く段階になったときの仕事選びについてだと、多くの求人情報に圧倒されて迷ってしまい、選ぶことが難しいのであれば、子どもに合いそうな求人をいくつかピックアップする。そして、最後にその中から子どもが選ぶように促してもいいと思います。たったこれだけのことですが、大きな自己決定になります。

◆自己決定と自己責任

子ども自身が自分で決める「自己決定」はとても大切です。しかし、子どもは自分自身の能力とかけ離れた仕事を希望することもあるでしょう。そのような場合に、「子どもが自分で決めたから」と子どもの希望を尊重するだけでは、自己責任の押し付けになりかねません。

発達障がいがあるということは、できることと苦手なことの凸凹が大きいということですから、子どもの個性に応じた適切な自己決定ができることが望ましくなります。しかし、それでも「やる！」と強い自己決定が揺るがない場合は、子どもの意思でやってみて失敗するのも経験になると、長い目で見守りましょう。
そして、失敗したときに、「ほらね。だから言ったじゃない」というのではなく、失敗した子どもに寄り添い、「大変だったね。じゃあどうしようか」と次の段階の自己決定ができるようにサポートしてあげられるといいのではないでしょうか。

ポイント

◆子どもによって自己決定の範囲や仕方は異なります。少しでも子ども自身が自分で選び決断をできるようにサポートしていきましょう。

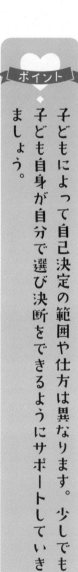

第10章

就職に向けてのマナー

視点 46

早いうちからマナーを身につけておくことの大切さ

◆ビジネスマナーではない常識的マナーも就職時には必要

「就職に向けてのマナー」と聞いても、「就職はまだまだ先だから」と危機感をもちにくいかもしれません。就職に向けてのマナーと言うと、世間一般ではビジネスマナーを指すでしょう。今回のお話でも、もちろんビジネスマナーも含んでいます。しかしその一方で、就職が目前に迫っていない年齢が低い頃から、「常識」であったり「しつけ」であったりする範囲での内容も含めてお話をしていきます。なぜ「就職に向けてのマナー」という章の中で、そんなことを含めるのかと疑問に感じる方がいるかもしれません。その理由は、就職の採用では、学校の受験とは異なり、その人の「人となり」が見られるからです。そのため、面接時にとりつくろおうとしても日頃の習慣が出てしまうことが多くあります。特に発達障がいがある場合には、その場に応じて臨機応変な対応を苦手としていることが多いために、とりつくろうこと自体が難しい場合があります。

◈どんな場面でも通用するマナーを繰り返すことで「癖」となるようにする

もちろん「就職」が、人生における最終的な目的やゴールではありません。あくまで一つの目安や基準としての考えです。したがって、「このときにはこうする」「ここではこうしなさい」というようなそのたびごとの状況に応じた柔軟性・臨機応変さを求めるのではなく、ある程度の場面で必要となる基本的なマナーを日頃からパターンとして習慣的に習得することが大切です。

なぜパターンの習得が重要かと言うと、人の「癖」は行動として表れますが、それが一般社会で通用する常識的なマナーと合致しているかどうかが問われているからです。たとえば、人から話しかけられたときに、「うん」と返事をすることは小さい頃であれば家庭でも外でも問題ないでしょう。しかし、小学校高学年や中学生以上になると、家庭では「うん」でもよいですが、学校など外の場面では「はい」と返事ができるようになったほうがよいでしょう。五歳、一〇歳、一五歳と年齢があがるにつれて、人のもつ癖は強固なものになり、修正するために多くの時間とエネルギーが必要となってきます。そのため、「まだ子どもだから」ではなく、早いうちから最低限の社会的マナーと合致する行動を身につけるようにしていくことが大切になるのです。

ポイント

◆柔軟性や臨機応変さが弱くても対応できるように、身につける段階、気がついた段階という早いうちから常識的マナーと合致する行動を獲得できるように促しましょう。

視点

47

適切な身だしなみへの理解を深める

◆身だしなみは、「周囲から見た自分」という高度なスキルが求められるもの

身だしなみを整えることは、日々の生活の中でとても大切なことです。なぜなら、みだしなみは初対面の人の第一印象を左右してしまうほどとても重要なポイントだからです。「そんな当たり前のこと」と思う方もいるかもしれません。しかし、服装や髪型など、TPOに応じて適切に身だしなみを整えることは、実はさまざまな高度なスキルが求められるのです。服装については、「これが着たい！」など自分中心の視点ではなく、「この場面はどういう場か」「この服を着ると周囲にどんな印象を与えるのか」「今、自分は整った身だしなみができているか」など「周囲から見た自分」を理解することが必要です。そのために、自分を

客観視することが求められます。発達障がいがある子どもにとって、「相手の視点に立つこと」はとても苦手な分野と言えます。そのため、親が当たり前にできていることであっても、発達障がいのある子どもにとっては意識的に取り組まなければならず、とてもエネルギーを必要とする活動なのです。

しかし、「相手の視点に立つこと」が苦手だからといって、それが「できない」というわけではありません。臨機応変な対応を求めると難しさが目立ってしまうかもしれませんが、日頃経験している場面においては、知識としていくつかのパターンを獲得しておけば、その場に合った適切な身だしなみを整えることができるようになります。

◆鏡を見て確認する習慣をつける

たとえば、よく小学生くらいの子どもに見られる状態としては、トイレから出たあとにズボンからシャツが出ているなど、お腹周りの服装が乱れていることがあります。そのような場合、まずはトイレから出たあとに鏡を見る習慣をつけていきましょう。自分の身体を何の道具も使わずに客観的に見ることは難しいものです。鏡を使って、トイレから出たあとに服がどうなっているのか、どうなっていたらOKなのかを確認できるように声をかけながら繰り返し習慣化できるまで続けていきましょう。

これは、トイレから出たあとに限定されるものではなく、朝に髪の毛を整えること、外出前の全身の身だしなみ確認などにおいても鏡を確認して行う習慣をつけていくといいでしょう。なお、外出前の全身の身だしなみにおいては、全身鏡で確認することをおすすめいたします。

ただ、いつも鏡があって確認できるという場面ばかりではありません。そのような場合には、適切な身だしなみをした子ども自身の写真やイラストをカードサイズにして準備しておくことも方法です。

教室を利用しているSくん（小学校高学年）は、教室に到着して服を着替えたあとや、トイレから出たあとに、服装の乱れを直すことが難しい状態が続いていました。そのため、服装が整っているSくん自身の写真を撮り、それをカードにして、確認する必要がある服装の場所に赤い丸をつけました。そして、自分自身の服装の状態との照らし合わせを行うことを繰り返していきました。並行して、鏡を見る習慣もつけた結果、カード(写真)がなくても確認するポイントが自分でわかるようになっていきました。鏡を見るだけでは、どこを確認したらよいかがわからない場合もありますので、カードに確認するポイントを書くなど併用していけると、より理解を深めることにつながります。

ポイント

◆身だしなみは、あまり教わった経験がないかもしれませんが、鏡を使って客観的な姿を見せて、どこがどうなっているとことがよいのか具体的に伝えていきましょう。

視点 48

日頃から挨拶・言葉遣いを意識した行動を

◆習慣化して行動のパターンとしての獲得を促すことが大切

挨拶や言葉遣いをとても気にして常々厳しく子どもに伝えているご家庭もあれば、「まだ子どもだから」とか「この程度なら」などと考えて厳しくせずに少しずつ子どもに伝えているご家庭もあります。このように、ご家庭の方針等によって子どもへの伝え方はさまざまです。「絶対これでなければならない」という正解はありません。

ただ、発達障がいがある子どもの場合、特性上、状況を判断して場面ごとに対応を変えるなど臨機応変さや柔軟性が弱いという傾向があります。そのため、「そのときになったらできるだろう」ではなく、日常的に挨拶や言葉遣いを意識できる声掛けを行い、子どもが自然に挨拶をしたり適切な言葉遣いで話をしたりできるようにすることが大切です。

だからと言って、家族内で堅苦しくなりすぎる必要はありません。「挨拶をする」ということを習慣化し、挨拶の仕方に関しては「内の人(＝家族)」と「外の人(＝先生や近所の人など)」とで使い分けることを意識することが大切です。

◆状況のキーワードと言葉を結び付けるように伝える

発達障がいがある子どもの中には、何を言うのかという「言葉」はわかっていても、どのようなタイミングで言うのかがよくわからない子どもがいます。それは、状況に合わせて適切な言葉を引き出すこと、あるいは今現在の状況とこれまでに経験して知っている状況を照らし合わせて似た状況を考えたりすることなどの力が弱い子どもがたくさんいるからです。

「挨拶しなさい」と言うだけではなく、「朝はなんて言ったらいいんだっけ?」「家族ではない人には、どう言うのがいいんだっけ?」など状況のキーワード

（「朝」や「家族ではない人」など）を言葉にして伝えながら子どもに考える時間を与え、適切な言葉と状況を結び付けられるように促していくことが必要です。
言葉は毎日使うものであるため、繰り返し練習する機会のとても多いものです。一方で、状況、相手の立場、相手との関係性などさまざまな要因を総合的に考えて、どの言葉を選択する必要があるのかを判断しなければならない複雑なものでもあります。今の時点ではできていなくても、少しずつできるように日々の声掛けを繰り返していくことが大切です。

ポイント

何度伝えても直らないということもあるかもしれませんが、状況のキーワードと適切な言葉をセットにして繰り返し伝え続けることが大切です。

視点

49

仕事で必要となる報《ほう》・連《れん》・相《そう》を日常の中にも取り入れる

◆早い頃から家庭内でも「ほうれんそう」を取り入れる

仕事をするうえでの基本と言われる「報告・連絡・相談（ほうれんそう）」。中学・高校（高等部）と進学をするにつれて、就職も含めた進路が少しずつ見えるようになってきます。そんなとき、ビジネスマナーとしてこの「ほうれんそう」の習得の必要性を感じたり練習したりする人もいるはずです。「ほうれんそう」と聞くと、仕事でのみ使うものというイメージをもっている方もいるかもしれません。しかし、日常の中でもさまざまな場面で「ほうれんそう」は行われています。

たとえば、放課後や学校が休みの日に友達と遊びに行くときに、「○○くん（ちゃん）と、△△に遊びに行く」と伝えてから出かけたり、宿題に一人で取り組んでいて、親御さんから子どもに「終わったら教えてね」と伝えておいて、子どもが「終わったよ～」と伝えることは「報告」にあたります。また、「一七時に帰る」と伝えていたのに、遊びに夢中になって時間を過ぎてしまったり電車などの交通機関の遅延などで予定時間に帰れそうになかったりするときに、家に電話するということは「連絡」にあたります。このように小学生の頃からでも行えるようなことが、仕事の中で使う「ほうれんそう」の土台となってくるのです。

◆具体的内容の最後に「報告」などのキーワードを伝える

「報告（連絡）しなさい！」や「相談してね」と伝えるだけでは、「何を」「どう」伝えるとよいのかわからずに、結局何も言えない結果になってしまうことがあります。このように、親がしてほしいと思う「ほうれんそう」がなかなかできないと感じる場合には、何をどういう言い方で伝えるとよいのかを具体的に教えることが大切です。「宿題ができたら『終わったよ』って報告してね」というように、具体的な内容の最後に「報告」というキーワードをつけることが、「報告とは何を伝えることなのか」ということの理解を深めることにつながります。

報告や連絡に比べると、相談を教えることには難しさがあるかもしれません。

では、相談とは、「どのようなときに」「どのように伝える」のかを、どう教えるのがいいのでしょうか。一つの基準としては、宿題などの課題に対して自分一人では取り組めないときに相談するということが、わかりやすいかもしれません。

すべての状況やタイミングなどを明確化することはできないかもしれませんが、日常の中でも必要な「ほうれんそう」を、「報告」「連絡」「相談」という言葉と結び付けて習慣になるように促していきましょう。

ポイント

◆小さい頃から家庭内で「報告」「連絡」「相談」の言葉と合わせて、相手に伝えるべき内容を子どもに伝え、日々習慣化していくことが、仕事での「ほうれんそう」につながります。

視点
50

メモを取ることを意識する

◆メモは記憶を補うだけでなく、指示の理解への集中を促す

大人でも、買い物に行くときに「買う物リスト」を書いたり、予定を手帳に書いたり、あるいはタブレット等のアプリに登録したりするなど、さまざまな場面でメモを取る人は多いのではないでしょうか。発達障がいがある子どもの中には、耳からの情報よりも、目からの情報を理解することのほうが得意な傾向がある子どももいます。そのような傾向がある場合、指示を聞いていても、視界に気になるものが入ってくると、そちらに注意が向いて、指示を頭の中にとどめることが難しくなってしまいます。しかし、メモを取るという作業を取り入れることにより指示が視界に入ることになり、指示の理解につながります。「記憶を補う」と

いう一般的なメモの機能に加えて、指示の理解に集中させるという効果も促すことができます。

◆今の子どもの状態に合わせた指示の出し方の工夫も大切

「メモを取る」と一言で言っても、必要なスキルはいろいろあります。まずは「書く」スキルが必要です。そして、「言われたことを記憶することと書くことを同時に行う」スキル、「略語など簡略化する」スキル、「言われた内容の中から重要なポイントのみを抽出する」スキル、「長い内容を要約する」スキルなどが求められます。最初は簡単なところから始めて、少しずつレベルアップできるように時間をかけて練習をしていくことが必要です。

ただ、子どもによって、どこまでできるかはさまざまです。どの程度の長さであれば記憶と書くことを同時に行うことができるのか、聞き慣れている指示と初めて聞く指示では記憶できる分量に差があるのかなどをいろいろと試しながら、そのときの子どもの状態に合った指示の分量を調整するという大人側の工夫が必要となる場合もあります。
メモを取ると言っても、必ずしも紙に書くことだけではありません。子どもによっては、書くことが苦手な場合もあるでしょう。学校ではスマートフォンやタブレット等の電子機器の使用があまり認められていませんが、家庭ではそのような機器を活用して、メモを取る練習を行えます。ただし、書くときと違って、アプリを使用する場合には、「メモを取ってもいいですか」などと断りを入れることも習慣化させましょう。そうすれば、相手に嫌な気持ちをさせずにメモを取ることができ、余計なトラブルを避けることにもつながります。

ポイント

◆さまざまな場面で子どもが自分でメモを取る機会を作りながら、今の子どもの状態に合った指示の出し方を工夫し、少しずつ指示を長くするなどレベルアップをはかりましょう。

第11章

きょうだいのケア

視点
51 きょうだいはナナメの関係

◆「ナナメの関係」とは

私たちは毎日の生活の中において、学校や地域などのさまざまな場所でさまざまな人間関係を築いています。その中でも、私たちが生まれてから最初に経験する人間関係が親子関係です。親子関係とは、保護と教育に基づいた「タテ」の関係であると言われています。

加えて、家族の関係の中で経験する可能性があるのが、きょうだい関係です。この「きょうだい」という関係は友達関係ではなく、年齢差があっても先輩・後輩という関係でもありません。ときには上下関係を意識した兄・姉・妹・弟といった「タテ」の関係になる一方で、年齢を意識せずに遊び、ケンカをする「ヨコ」の関係にもなります。そう考えると、「きょうだい」という関係は特別なもののようです。このような「タテ」と「ヨコ」の異質な二つの関係を持ちあわせていることから、きょうだい関係を「ナナメ」の関係と呼ぶことがあります。けれども、障がいがある子どものきょうだいは、親から「タテ」の関係を求められることが多いのではないでしょうか。

◆障がいの有無にかかわらず、きょうだいにとっては「普通」

「ちゃんと学校に連れていってあげてね」「気をつけてあげてね」「譲ってあげなさい」。こんなことをきょうだいに対してついつい言ってしまうことがあるかもしれません。もちろん、親はどの子どもにもわけ隔てなく愛情を注いでいると思います。しかし、障がいがある子どもには支援が必要で、親の目と手はどうしてもその子に向いてしまうのも仕方がありません。ただ、それを「当たり前」と思ってしまうのは、きょうだいにとってさみしかったり、悲しかったりすることかもしれません。

また、障がいがある子どものきょうだいについての調査の中には、きょうだい自身は、障がいがある子どもを特別な存在として意識しているわけではなく、「普通のきょうだい」であり、同等の家族の一員と思っているということが明らかにされています。きょうだいにとっては小さいときからずっと接している仲間なのです。楽しく遊ぶこともあるでしょうし、ケンカすることもあるでしょう。さまざまな経験をしながら、一緒に育っていきます。

だからこそ、親御さんには、きょうだいは「タテ」の関係ではないことをときどきは思い出してほしいと思います。

ポイント

◆ **きょうだいは本人を特別な存在として意識しているのではなく、「普通のきょうだい」として一緒に育っていることをときどきは思い出してください。**

視点

52

きょうだいの気持ちを考える

◆きょうだいのあいだの葛藤

親御さんの中には、きょうだいと本人の関係について悩んでいる方も多いのではないでしょうか。心理学者であるユングが提唱した「カイン・コンプレックス」という言葉があります。これは、きょうだいのあいだの葛藤や競争心、嫉妬心を表すもので、親から差別的な愛情を受けた場合、それによって苦しんだ体験から生じるとされています。

教室を利用している親御さんの中でも「おやつのとり合いでよくきょうだいげんかになる」といった困りごとを話される方がいらっしゃいます。現実として「おやつのとり合い」ですが、心理学的には「親の愛のとり合い」というとらえ方もされています。だからこそ、きょうだいげんかは激しいとも言われています。親の意識としては、わけ隔てなく愛情を注いでいるつもりでも、きょうだいにとっては「うらやましい」「自分はかまってもらえない」といった気持ちが生まれ、「なんで自分ばっかり……」と葛藤を抱えることがあるようです。特に、きょうだいが小さいうちは、障がいがある子どものほうに支援が必要なことが理解できず、そのように思ってしまうこともあるでしょう。

◆きょうだいの気持ちに応じたかかわり方を

親は障がいがある子どもの育児で手いっぱいになりがちです。毎日をこなすだけで精いっぱいだったり、ときには落ち込んだりすることもあるでしょう。そのため、きょうだいに対して気遣ったりする余裕がないことも十分想像できます。しかし、きょうだいの抱えている葛藤がこころの問題として表れてくる可能性もあります。そうなってしまうと、これまでのきょうだいへのかかわり方について振り返らざるを得ません。そのときに、「もっとこうしていれば」といった親がきょうだいに対して申し訳なく思う気持ちを抱くようになります。それは、親のこころに負担感をもたらします。
そうなる前に、親がきょうだいの気持ちを考え、それに応じたかかわり方をすることは、きょうだいだけでなく、親のこころの負担を軽減する意味でも大切です。

ポイント

◆障がいがある子どもを育てることは大変だとは思いますが、きょうだいの気持ちに応じたかかわり方が親自身のこころの負担感の軽減につながります。

視点
53
きょうだいのケア

◆きょうだいの気持ちに寄り添う

障がいがあることで、お父さん・お母さんが大変な苦労や困難さを抱えていることをきょうだいはよく理解しています。それでも、きょうだいの中で自分があとまわしにされたり、自分が大切にされているのを感じることができないのはやはりさみしかったり、悲しかったりするでしょう。まずは、その気持ちに寄り添うことが大切です。

「なんでも障がいのあるおにいちゃんが優先されてさみしいよね」「いつも障がいのある妹がかばわれて悲しいよね」など、きょうだいの立場に立って、その気持ちをくみとって言葉にして伝え返していくことで、「わかってもらえた」という安心感が得られます。

◈特別なことは必要ない。日々の積み重ねが大切

また、それは自分の気持ちを大切にする経験となり、さらには、自分の気持ちを上手に表現する能力にもつながっていきます。そして、できれば、週に数十分、それが難しい場合は月に一度でもいいので、「きょうだいのためだけの時間」を作ってあげると、きょうだいはとてもうれしいと感じます。

たとえば、きょうだいと公園で遊んだり、ファミリーレストランに行ったりといった「自分だけの特別な時間」を過ごすことは、きょうだいにとって、自分はお父さんやお母さんにとって特別な存在なんだという気持ちになれるかもしれません。きょうだいのために「何かしなければ」と力むことはありません。また、特別なことをする必要もありません。短い時間でもよいのです。一緒にお風呂に入るとか、寝る前の時間に一〇分間二人きりで話をする時間を作るなど、できれば毎日少しずつでも継続できることが望ましいです。きょうだいのことも障がい

のある子どもと同じように大切だと伝えられればよいのです。
きょうだいの感じている気持ちを大切にして、できることを日々積み重ねていくことが、きょうだいにとってなによりのケアになると思います。

ポイント

◆きょうだいは親が本人のことで大変な思いをしていることを理解しています。だからこそ、そのあいだで葛藤するその気持ちに寄り添うことが大切です。

視点 54

きょうだいの人生を考える

◆きょうだいの成長による家族の変化

きょうだいも成長するにつれて、進学、就職、結婚、出産などさまざまな人生の大きな節目を迎えます。けれども、大人になっても、きょうだいは家族の中で何らかの役割を担っていることがあります。そのため、それがきょうだい自身の時間を拘束することになったり、進路の選択肢を狭めてしまったりする場合もあります。これは障がいがある子どもがいる家庭に限った話ではありません。

きょうだいが自分の人生を考えたときに、「自分が家から離れると家族が困ってしまうのではないか」「恋人やその家族にきょうだいのことを話したら、嫌われてしまうのではないか」「子どもが生まれたら、障がいのある弟の世話ができなくなってしまうのでは」といった不安があるということを耳にします。

親も、きょうだいが本人の世話を手伝ってくれることを、意識的にも無意識的にも期待していた場合は、できれば今まで通り家にいてほしいと思うことでしょうし、成長した一人の大人として親の相談相手としてこころの支えになってほしいと思う場合もあると思います。

◆きょうだいの人生と本人の支援のバランスを

人生の節目ごとに、これからの家族や本人とのかかわり方について、きょうだいも、親も悩んでしまうことはよくあります。これまでのようなかかわり方ができなくなることについて、罪悪感をもつきょうだいもいます。障がいがある子どもの支援について、家族だけで行わない方向を探っていくことも一つの方法です。

きょうだいは成長し、やがて家族から巣立ち、これから自分の人生を生きていきます。その一方で、親は歳をとり、できないことも増えていきます。親ができなくなったことを無理矢理に家族だけで行わず、福祉サービスといった周囲の資源を上手に借りることが大切だと思います。さまざまな選択肢を広げて、できるときにできることをしてみるという試行錯誤していくこともよいでしょう。

きょうだいの生き方と本人の支援のバランスをうまくとっていければよいと思います。そうして、きょうだい自身が自分の仕事や恋人、友人、自分の時間といった自分の人生を大切にしてほしいと思います。

ポイント

◆きょうだいも成長して、巣立っていきます。きょうだいが自分の人生を生きていけるように、本人との支援のバランスを考えていきましょう。

視点

55

「親なきあと」をどうするのか

◆「あと」についてはきょうだいも不安

「親なきあと」を託す――障がいがある子どもの親にとって、一番考えたくないことだと思います。でも、いつかその日は必ずくるのです。親がきょうだいに対して、「迷惑はかけたくない」「好きなように生きてほしい」と思う気持ちは真実だと思います。

そのため、「きょうだいにはなるべくかかわらせたくない」と思い、「あと」について、なかなか話し合いができないということもあると思います。でも、きょうだいも自分の将来や進路にかかわることなので、「あと」について、人によって程度の差はあっても不安や悩みを抱えているのではないかと思います。

「先のことは不安だから考えたくない」「本当は少しでもこころの準備をしていたほうがいいのかもしれないけど考えるのが怖い……」「悲しむ間もなく、きょうだいの親代わりにならなくてはいけないのかもしれない……」——きょうだいはそんな気持ちでいるかもしれません。

◆きょうだいが途方に暮れないために

きょうだいにとって、話し合いをしないまま親がいなくなってしまうことは、そのあとに、どうしていったらいいのか、誰に頼ればいいのかなど、いざというときに途方に暮れてしまうことになるかもしれません。

そのため、きょうだいの年齢に合わせて、「あと」について一緒に考えていくことは大切です。たとえば、日頃、どのような福祉サービスを利用しているのかなどを「知らない」ということはとても不安なことです。日常的なスケジュールや利用機関などがわかるようにしておいたり、日頃から家族の会話の中に含めたりしていることが大切です。

また、親の会と同じように、自分と同じような立場の人たちが集まるきょうだいの会について調べることもよいかもしれません。さらに、親の考える本人の将来プランについて、きょうだいの将来プランと合わせて、きょうだいの考えを大切にするためにはどうしたらいいのか、どこまできょうだいの力を借りるか、難しい場合は誰の力を借りるかなど、今のうちにできることは何かを一緒に考えていけるといいと思います。きょうだいの抱えている不安を一緒に分かち合うことが、「あと」を考えるための第一歩になるのではないでしょうか。

ポイント

◆「あと」についての親子の考えは、違う場合があります。きょうだいの成長に合わせて、「あと」について一緒に考えることが、きょうだいの不安を軽くするためにも必要です。

第12章

親なきあとも含めた将来を考える

視点
56

親なきあとの生活について考える

◆子どもの頃の療育は、少しでも子どもの将来の困り感を減らすため

本書を読まれている方の中には、お子さんが小さい頃から療育を受けさせてきている方もいることでしょう。小さい頃は「できないこと」ばかりに目が向いて、子育てに自信がもてなかったり、周囲の子どもたちと比べて焦りばかりが募ったりしたことがあったかもしれません。子どもに小さい頃から療育を受けさせてきたのは、日常生活の動作や感情コントロールスキル、コミュニケーションスキルなどの子どもにとって必要なスキルの発達を促すためかと思います。長い時間をかけて、スモールステップで一歩一歩と言い聞かせながら、親子で日々頑張ってきたことでしょう。

子どもの頃の療育は、最終的には親がいなくても、少しでも子どもが困らずに生活できるようになるためのものという考え方もできます。

人は、障がいの有無にかかわらず、誰もが一人で生きられるものではありません。「将来、子どもが一人で生きられるように」と子どものスキルアップの手立てをどんなに講じていたとしても、誰かに頼ることができるスキルも必要です。

◆親が元気なうちに、事前に情報を収集することが大切

残念ながら、今の日本では、すべての障がいに対して、子どもの親なきあとについて一〇〇%解決してくれる制度はまだありません。ただ、一〇〇%解決はしてくれなくてもある程度は解決してくれる選択肢がいくつかあります。そういった、子どもの状況にあった有効な情報を知っておくことはとても大切です。ヘルパーなどを利用して在宅生活を送るのか、介助つきの施設に入所するのかなど、福祉制度を活用した生活も、子どもによっては考えることが必要な場合もあるでしょう。親が元気なうちから活用できる福祉制度を使って、少しずつ経験を重ね

ておけば、子どもが急な環境変化に不安にならずに慣れていくことができます。
そのため、親なきあとの準備は、親が元気なうちにできることから準備をしておいたほうがいいと思います。しかし、それほど深刻に考えなくても大丈夫です。周囲のサポートを得ながら、自分らしく生きていくことが大切だと思います。そのために、まずはできることから始めてみましょう。

ポイント

◆残念ながら、今の日本では、障がいがある子どもの親なきあとを一〇〇％解決してくれる制度はありません。事前にどんな選択肢があるか情報を収集しておきましょう。

視点
57

恋愛・結婚について考える

◆**発達障がいの特性から、極端に「好き」「嫌い」を判断することも**

誰かを好きになることはとても素敵なことです。子どもが誰かを好きになり、そして、結婚する。――親にとって、これほどうれしいことはないと思います。ただ、恋愛という特別な感情は、障がいのあるなしにかかわらず、誰もが振りまわされることが多いものでしょう。

特に、自閉症スペクトラムの人たちにとっては、コミュニケーションが不得意だったり、相手の表情や態度からその感情を読み取りにくかったり、相手との心理的距離感がつかめなかったり、相手のちょっとした言動から「私のことを好き／嫌い」と極端に判断してしまう可能性もあります。

◆具体的な接し方の練習をしながら距離感をつかむことも

そういった特性のために、相手の気持ちを考えることができずに、過剰にアピールしたり、思い込みから相手の望んでいない行動をしてしまったりすることもあります。そういったことができるだけ起こらないように、早くから自分の特性について理解しておくことが大切です。また、友達や病院の医師、学生相談室のカウンセラー、福祉サービスの職員など、自分を理解し、そういった相談ができる人を見つけることも必要になるでしょう。

たとえば、ある自閉症スペクトラムの方は、相手との心理的距離感をつかみにくいとのことから、自分を中心とした円から、周囲の人がどのくらいの位置にいるのかを分けて、相手との具体的な接し方を考え、その接し方を具体的に練習していきました。

この方のように、自分の特性を理解してくれる誰かに相談することによって、具体的なアドバイスが得られたり、恋愛における苦しい気持ちが軽くなったりする場合もあると思います。しかし、残念ながら、子どもが親に恋愛相談することはなかなかできないと思います。
好きになったり、恋愛について相談できる人に出会えるように社会を広げていく手助けが、親にできることではないでしょうか。子どもの全部を受け入れてくれる。――そんな人にめぐりあえるといいですね。

ポイント

◆恋愛について、親が助けることができる機会は少なくなります。子どもが相談しやすいと思える、家族以外の相手を見つけておくことも大切です。

視点
58

子どもの生活場所について考える

◆住環境は、人が生活していくうえでの基盤

生活場所とは、「衣食住」という人が生活をしていくうえでの基盤となる、とても重要なものです。今現在の住まいが持家で、子どもに引き継ぐことができるということであれば、ひとまず「住」は担保されることでしょう。しかし、洗濯、掃除、炊事といった家事をどの程度、一人で判断し、実行できるのかということによって、その家で、一人で生活ができるのかが変わってきます。

一人では十分な家事ができないとか、概ねできるけれど他の人の確認があったほうが安心という場合には、ヘルパーなどの福祉サービスを利用しながら在宅での生活を継続することが可能です。ただ、ヘルパーは部分的な補助にすぎないた

め、早いうちから、お手伝いとして、洗濯、掃除、炊事の経験を重ねて、子ども自身ができる幅を広げておくことが大切なのです。

また、視点55で触れたような、きょうだいと一緒の生活になる場合でも、親が元気なうちに障がいがある子どもの家事スキルを高めておくことで、きょうだいがすべての身の回りのことをしてあげるというわけではなく負担を減らすことにもつながります。

◈子どもの将来は、就職だけでなく、「家のこと」も重要

多くの親は、子どもが中学生になった頃から、進学先や就職など将来のことを見据えて、いろいろ考える機会が増えてくると思います。そして、将来の可能性を考えながら「今できること」が何かを考えます。

教室を利用している子どもの親御さんからも、そのような相談を受けることがあります。しかし、その際に、職業スキルや言葉遣いなど「就職のために」というお話はよく出るのですが、生活のすべてが仕事ではないにもかかわらず、家事

などの「家のこと」は話題にはあがりにくいものです。

「家のこと」を学ぶには、家庭の中が最も練習・実践できる場です。将来の選択肢として、どういう生活場所があるのかといった情報収集をし、子ども自身の生活の幅が少しでも広がるように、「今できること」を考えていきましょう。

ポイント

◆将来の生活場所の決定には、その時の子どもの家事スキルの幅が影響します。将来の生活場所の情報収集と合わせて、子どものできる幅を広げるサポートを行いましょう。

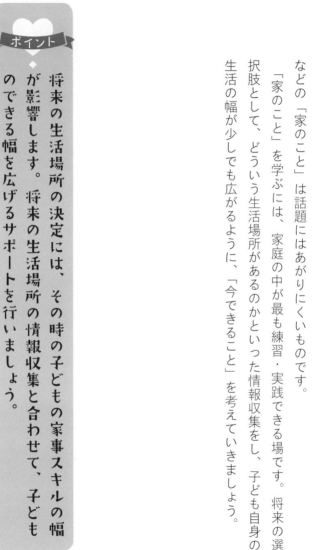

視点 59

子ども自身が相談しやすい場所を見つける

◆親が、子どもに「相談する」姿勢を示すことが大切

親として、学校で実施している先生との面談に行ったり、それだけでは足りない心配ごとがあればスクールカウンセラーの予約を取ったり、校長先生など担任以外の先生との面談をお願いしたりと、いろいろな相談をしてきたはずです。また、状況に応じて、療育機関や相談機関、医療機関などでの相談をしてきている方もいるでしょう。

中には、子どもの発達などについてなんとなく気になりながらも、「なかなか相談できない」「どこに相談してよいのかわからない」と思いながら、本書のような書籍を手に取っているという方もいるかもしれません。どう相談するか、ど

う助けを求めるのかがわからず、それが大人でも苦手であったり、あるいはできないという人もいます。それでも、親なきあとに、子どもだけで生活していくためには、「相談する」「助けを求める」という姿勢を、親が子どもに見せておくことも大切なのです。

◆親主体の相談から、子ども主体の相談へ移行

すでにどこかの機関に相談できている場合には、親が「相談する」「助けを求める」といった姿勢を見せることができているはずです。親子で一緒にその機関に出向いていたとしても、親が相談して、子どもは別の場所で遊んでいるということもあるかと思います。子どもが小さい頃は、「親の相談する場所」で問題はありません。ただ、子どもの年齢があがるにつれて、「親の相談ができる場所」と「子どもからの話を聞く場所」という二つの役割を担える場所であることが大切です。子どもがただ親に言われるから一緒についていっているだけという状態ではなく、子ども自身が話を聞いてもらえたり、日頃の気になっていることを解

消できたりという経験を重ねておくことが、将来、人に相談したり助けを求めたりすることにつながります。

最初は子ども自身が「困っている」ことへの自覚が乏しく、相談にはならないかもしれませんが、家族ではない第三者に話を聞いてもらえる経験が大切なのです。子どものことでありながらも親が主体となって相談している状態から、子どもの成長に伴って、少しずつ子ども主体での相談に移行していけるように心がけましょう。そうすることで、親が元気なときには「相談」するようなことがなくても、親なきあとには、どうしてよいかわからなくなったときに子どもから話に出向き、一人で抱え込まずに、第三者の力を借りながら、解決策を探ることにつながります。

ポイント

中学生・高校生頃からは、「親の相談できる場所」と「子どもからの話を聞く場所」の二役を担える場所を見つけましょう。

視点 60

子どもの人生は子どものもの

◆小さい頃は、子どものためを考えて親が選択

親は誰しも、子どものためにこころを砕いて、子どもの人生を考えます。あの療育センターがいいのではないか、あの学校がいいのではないかなど、親は子どものためにさまざまな選択肢の中から最適だと思われるものを選んできたことと思います。それ自体は子どものことを思ってのことですし、親として自然なことです。

でも、その選択肢を子どもが望んでいるものかはわかりません。子どもが幼いときは、子ども自身で判断することが難しいため、それでいいかのもしれません。

しかし、成長して、自分自身で判断することができるようになったら、子どもに

選択させるというのも大切だと思います。もちろん、親はアドバイスをしながら、一緒に選んでもいいと思います。

でも最終的な決定権は子どものものです。

◆成長に伴い、選択権を子どもに移行

子どもの人生は子どものものです。親がいつまでも一緒にいて、適切な選択肢を与え続けることはできません。子どもはいつかは周囲のサポートを得ながらでも、自分自身で人生における選択肢を選ばなければなりません。

もちろん、子どもの選択肢が最適でない場合もあります。「失敗した」と思うときもあります。その場合は、やり直せばいいのです。学校が合わないのであれば、違う学校に転校する。支援が合わないのであれば、違う支援の仕方を考える。人生におけるたいていのことはやり直しがききます。

「この選択肢以外に選択肢がない」ということはありません。自分らしく生きることができる人生のほうが、子どもにとっては幸せなのではないでしょうか。

親として子どもにできることは、「やり直しができる」こと、「誰かに助けを求める」こと、「あなたはあなたのままで価値がある」ことなどを、経験として、子どもが実感できるように伝えていくことだと思います。

ポイント

◆子どものためを考えて親が道を選択する時期から、少しずつ子どもが自分で道を選択できるように促していきましょう。

引用・参考文献

梅永雄二編著『自立をかなえる！　特別支援教育ライフスキルトレーニング実践ブック』明治図書出版、二〇一四年

白鳥めぐみ、諏方智広、本間尚史著『きょうだい―障害のある家族との道のり』中央法規出版、二〇一〇年

辻井正次、氏田照子編著『発達障害の臨床的理解と支援4　思春期以降の理解と支援―充実した大人の生活へのとりくみと課題』金子書房、二〇一〇年

遠矢浩一編著『障がいをもつこどもの「きょうだい」を支える―お母さん・お父さんのために』ナカニシヤ出版、二〇〇九年

「見てわかる社会生活ガイド集」編集企画プロジェクト編著『知的障害・発達障害の人たちのための見てわかる社会生活ガイド集』ジアース教育新社、二〇一三年

ユング，C．G著　野田倬訳『自我と無意識の関係』人文書院、一九八二年

吉川かおり著『発達障害のある子どものきょうだいたち―大人へのステップと支援』生活書院、二〇〇八年

渡部伸著『障害のある子の家族が知っておきたい「親なきあと」―お金の管理　住むところ　日常のケア』主婦の友社、二〇一四年

Rogers, R. Carl, *On Becoming a Person*, Houghton Mifflin, 1961.

おわりに

「子どもが自分らしい大人になる」とは、どういうことなのでしょう。そのとらえ方は子どもにとっても親にとっても本当にさまざまで、「これ」というものがあるわけではありません。

たとえば、この本の中にあったすべての視点を取り入れた先に「自分らしい」生き方が見えてくる子どももいるでしょうし、「自分らしく」生きている過程でこの視点を全《まっと》うできていたことに気づくことがあるかもしれません。もしかするとこういった視点にはとらわれず、はじめから「自分らしい」を実現できている子どももいるかもしれません。

「自分らしい」とは、うまくいっているときもうまくいかないときも、「それがわたし」と自分のことを受け入れて、そして次の行動を選んで生きていくことなのだと思います。つらいときに何もないふりをしたり、うれしくても喜ばなかったり、やりたくないことも一生懸命がんばったり、本当の自分の気持ちを表に出さないことがいいことのように感じる一方、そのことによって自分の本当の気持ちが見えなくなってしまっては、自分のすべてを受け入れているとは言えないと思います。

発達障がいのある子どもを育てている親御さんは、きっと毎日がお子さまのことでいっぱいで、ご自身のことに目を向けている余裕なんてないかもしれません。いつもお子さまの将来が気がかりでご心配に思われている方も多いことでしょう。この本をお読みになって、「もっとこうしていたら」「そう言われてもそんなにうまくいかない」と思われる部分もあったかもしれません。しかし、失敗も挫折もずっとは続きません。そういった今の経験が活かされたと思われる日が来ることもきっとあるでしょう。

子どもに教えていないのに、いつの間にか親の口ぐせを子どもが真似ていたり、性格が親に似ていたり、「やっぱりあなたの子ね」と言われることがよくあるのではないでしょうか。反対に似てほしくないことが似ていたり、ということもありますね。

子どもは親のことをよく見ています。親が自分で自分のことをよくわかっているよりも、子どものほうが親のことをよくわかっていたりもします。「子どもは親の背中を見て育つ」とよく言われますが、そのとおりだと思います。子どもに「自分らしく生きていってほしい」という親の思いと同じく、親御さまにも「自分らしく自分の人生を生きていってほしい」と私たちは思うのです。

ときには子どものことだけではなく、今どう生きていたいか、これからどのように生きていきたいか、ご自身のことにも目を向けて「自分らしく」生きる大人の姿を子どもたちに見せてあげていただきたいなと思います。

スマートキッズ療育チーム

【スマートキッズとは】

児童福祉法に基づく、児童発達支援事業と放課後等デイサービスという福祉サービスを提供している。3〜5歳の未就学のお子さまと小学生のお子さまを対象にしたスマートキッズプラス、中高生のお子さまを対象としたスマートキッズジュニアを運営している。学校が終わった後や休日、長期休みの間などに、お子さまに対して、居場所を提供し、一人ひとりの課題解決に向けて支援を行う。

療育チームとは、臨床心理士、看護師、保育士、教員、産業カウンセラー、言語聴覚士、社会福祉士、介護福祉士等の実務経験を持つ社内スタッフで構成されるチーム。療育計画や療育サポート、保護者支援にあたっている。

◆スマートキッズの３つのコンセプト

１．子どもたちに「安全」、保護者に「安心」の放課後の居場所づくり

２．一人ひとりの子どもを見つめた成長支援

３．子育ての負担軽減を図る保護者サポート

〈教室所在地〉　東京都・千葉県・埼玉県・神奈川県・大阪府

〈お問い合わせ先〉　お電話から　03-6458-5456
メールから　info@smart-kidsplus.jp
HPから　http://www.smart-kidsplus.jp

発達障がいの子どもが
自分らしい大人になる10歳からの準備60

2017年1月16日　第1版第1刷発行

編著者　スマートキッズ療育チーム

発行　有限会社 唯学書房
〒101-0051
東京都千代田区神田神保町2-23 アセンド神保町302
TEL 03-3237-7073／FAX 03-5215-1953
URL http://www.yuigaku.com/

発売　有限会社アジール・プロダクション

デザイン　米谷豪

印刷・製本　中央精版印刷株式会社

ISBN978-4-908407-07-9 C0037